0~7세 **판타스틱 그림책 육아**

엄마는 편하고
아이는 책과 가까워지는 0~7세

판타스틱
그림책 육아

박지현 지음

위즈덤하우스

★ 차례

프롤로그 오늘 밤, 무슨 그림책을 읽어줄까 고민하는 당신에게... 010
일러두기 014

0~2세
엄마는 그림책이 낯설다

그림책, 넌 누구냐? 024
너무 낯선, 그림책 이름표 029
좋은 책의 기준? 이것만 확인해! 035
3분 만에 책 고르는 법 041
그림책 읽어주기 7단계 045
아이들이 홀딱 빠지는 이야기 051
_ 까꿍책, 찾기책·애착책·개념책·생활책·오감놀이책
언제부터 언제까지 읽어줄까? 설마 7년 내내? 065
허벅지 꼬집으며 밤새 읽어줘야 맞는 거지? 070
그림책 읽기는 방바닥에서 시작된다 074
PS 밤 독서를 위한 준비물 079

0~2세 그림책 읽기 Q&A **080**
단행본이 좋다는데, 왜 그럴까? • 그림책의 적정 연령은 글줄이 기준일까? • 그림책을 읽어줄 때 개작해도 될까? • 중간에 그만 읽어도 될까? • 읽기 마무리는 어떻게 할까? • 하루에 책을 얼마나 읽어줄까? • 책 보기에 좋은 자세는 무엇일까? • 그림책, 살까? 빌릴까? • 그림책 육아, 돈이 많이 들지 않을까?

3~4세
웰컴!
책육아 공화국

지금부터 본격적인 읽기 저축기 092
아이들이 홀딱 빠지는 이야기 096
_ 똥책, 방귀책 • 자아독립책 • 바른생활책 • 상상자극책

몇 권에 집착하는 아이를 위한 처방전 107
달라도 너무 달라! 남아책 vs 여아책 112
_ 남자아이의 책_ 자동차책 • 공룡책
_ 여자아이의 책_ 공주책

지금 읽기 좋은 책 1 가장 맛있다! 창작그림책 **126**
_ 스테디셀러 창작 전집

지금 읽기 좋은 책 2 호기심이 가득 차면 첫지식책과 과학그림책 ... 133
PS 아이가 "왜?"라고 물으면! 137
_ 첫지식책과 과학 시리즈 및 전집

지금 읽기 좋은 책 3 동물원에 가기 시작하면 자연관찰책............. 141
_ 자연관찰 시리즈 및 전집

도서관에서 누리는 나이별 효과.. 147
_ 책과 도서관에 대한 그림책

딱 지금부터 고민 1 누구 손을 잡지? 단행본 vs 전집..................... 154
PS 괜찮은 전집의 기준.. 158
딱 지금부터 고민 2 나도 빠졌다, 전집의 함정!.......................... 159
PS 불안 마케팅 말, 말, 말!.. 163

3~4세 그림책 읽기 Q&A... 164
대박 전집이 있다던데? • 그림책, 중고로 사도 될까? • A급 중고책이 제일 좋은 거죠? • 전집 싸게 사고 싶어요! • 중고책, 남들은 어디서 살까? • 만화 캐릭터책, 어떤 것을 살까? • 한글, 영어 쌍둥이책이 있다던데? • 서점에서 책을 사면 좋다는데, 정말일까?

5~7세
그림책과 선행 사이

유치원에 들어가면 책은 찬밥이다!	176
아이들이 홀딱 빠지는 이야기	181

_ 친구책 • 괴물책, 유령책 • 자존감책 • 성교육책 • 죽음책

그림책 지도와 책장갈이의 기준	196
PS 다양한 책 읽기를 위한 부모들의 분투기	201
실전 읽기 1 창작그림책 고르는 3가지 방법	202

_ 창작그림책 시리즈 및 전집 • 창작그림책 단행본

실전 읽기 2 전래와 명작, 탈 없는 사용 설명서	214
PS 전래와 명작, 읽어주다 멈칫 고민되는 순간	220

_ 전래와 명작 시리즈 및 전집

실전 읽기 3 초등 대비 넘버원, 스토리텔링 수학그림책	224

_ 수학그림책 시리즈 및 전집 • 수학그림책 단행본

실전 읽기 4 추가 3종 세트! 인물, 경제, 사회그림책 233
_ 인물그림책 • 경제그림책 • 사회그림책

지금 모르면 초등 가서 후회한다! 융합 독서 239

게으른 엄마를 위한, 가장 만만한 독후 활동 244
_ 그리기 자극 그림책

5, 6, 7세의 과업, 한글 떼기 252

PS 한글 배우기에 딱 좋은 시기 257

우리 아이 한글, 이렇게 뗐습니다! 258

PS 한글을 늦게 뗄 때도 미리 확인할 것 263
_ 한글 자극 그림책

5~7세 그림책 읽기 Q&A 266
글자 없는 그림책이 있다던데? • 백과사전, 꼭 필요할까? • 만화책, 벌써부터 봐도 될까? • 영역별로 책을 다 사야 할까? • 종이책 vs 전자펜 vs 전자패드? • 책을 싫어하는 아이에 대한 처방전은? • 아이가 텔레비전 만화에 너무 빠졌다면? • 어떤 그림책 상이 유명할까? • 이제 빌려 봐도 되겠지?

지금은 알지만 그때는 몰랐던 것들

유아 독서, 3가지만 있으면 성공한다! 278
유아 독서가 어렵게 느껴지는 '진짜' 이유 283
엄마가 첫째에게 '거의' 주지 못하는 것 289
그림책 읽기의 '진짜' 효과는 초등 4,5학년 때 나온다 294
그림책보다 더 중요한 것들 299
_ 부모 마음 울리는 그림책

에필로그 그림책 잘 읽어주는 부모의 DNA는 있는가? 308
참고 자료 311

 프롤로그

오늘 밤,
무슨 그림책을 읽어줄까
고민하는 당신에게

부모가 되면 '오늘 아이에게 무엇을 먹일까'와 더불어 '오늘 밤에 무슨 책을 읽어줄까'를 고민한다. 미리 말하자면 당신이 부모로서 그림책에 대해 이토록 강한 열정을 내뿜는 시기는 아마도 유아기가 유일할 것이다. 결정적 자극을 주기 위해, 인지 발달을 끌어올리기 위해 혹은 꿈과 상상력을 키워주기 위해 수많은 그림책을 사들여 책장을 채운다. 신기하게도 아이가 어릴수록 고가의 전집을 사주거나 하루에 몇 시간이고 그림책을 읽어주는 일이란 매우 자연스러운 일상처럼 여겨진다.

잠시 계산기를 두드려보자. 주변 사례를 살펴보면 "난 제법 읽어주었지" 자부하는 부모들은 하루 2~3시간 남짓, "어휴, 잘 못 읽어줬어요" 자책하는 부모들이라도 하루 15분은 그림책을 손에 들었다. 돌부터 하루에 1시간만 그림책을 본다고 치면 유아기 동안 무려 2,190시간을 그림책에 투자한다는 이야기. 당신이 어떤 그림책이 좋은지 밤새 검색하고 가격 비교하고 할인 혜택을 받으려고 카드를 만드는 추가 시간을 깡그리 제외한데도 말이다. 그렇다면 유아기에 이토록 많은 시간과 에너지를 쏟아붓는 그림책, 열심히 읽어주기만 하면 해피엔딩이 될까.

아이가 돌쟁이였을 때, 내게 그림책은 황홀한 그 무엇이었다. '세상에 이토록 아름다운 그림이 있을까'라며 매일 감탄하며 즐기기에 바빴다. 유아기 육아는 동화책의 왕자와 공주가 죽을 때까지 행복하게 살았다는 이야기처럼 그림책과 함께 해피엔딩이 될 것만 같았다. 사실을 말하자면 그건 순진한 착각에 불과했다. 우리나라에서 그림책은 순수 문학인 동시에 뿌리 깊은 학벌주의와 부모의 조기 교육에 대한 열망을 실현시키는 교육적 수단이기 때문이다. 아이가 클수록, 종종 주변을 살펴보면 언뜻 이해하지 못할 풍경이 펼쳐지기도 했다.

- 많은 엄마들이 산더미 같은 그림책을 숙제처럼 읽어준다. 워킹맘조차 밤새 책을 읽어주지 못하는 것에 부채 의식을 갖는다.
- 좋은 그림책을 읽어주기 위해서는 엄마의 열정과 희생, 돈이 필요하다고 믿는다. 다들 눈을 부릅뜨고 '옆집에서 대박 난 책'이나 '책 읽어주는 노

하우'를 찾는다.
- 선배 엄마들의 말에 따르면, 유아기에 이토록 열성을 다하는데도 초등학교 3학년이 되면 아이들은 책과 이별을 한다.

과연 이토록 많은 에너지와 시간, 돈을 소모해야 아이가 그림책을 잘 읽는 걸까. 그런데도 아이들은 왜 책과 쉽게 멀어지는 걸까. 의문이 쌓일 때마다 나는 주변의 선배 엄마들과 교육자들에게 '요상한 책읽기 세상'에 대해 물었고 해답을 찾으려 했다. 무엇보다 육아 연차가 쌓이면서 돌쟁이 아이를 키울 때에는 몰랐던 것들이 안개 걷히듯 서서히 눈앞에 보이기 시작했다.

간단히 말하자면 나의 대답은 '그렇지 않다'이다. 그림책은 종이에 그림과 글이 담긴 아주 간단한 인류의 발명품이고, 그것을 이용하는 방법도 매우 단순하며, 신기하게도 유아기에는 그렇게 했을 때 더욱 빛을 발한다. 아이를 낳으면 부모가 되는 동시에 교육 소비자가 되는 대한민국의 현실을 감안할 때, 오히려 주변에서 쏟아지는 수없이 많은 정보와 불안 마케팅을 걸러내고 덜어내는 작업이 더 절실하다.

책에는 내가 7년 동안 겪었던 그림책 육아 경험과 비슷한 또래를 키우는 30~40대 부모들의 이야기, 이들의 의견을 확인해줄 10~20년을 앞선 선배 엄마들의 조언, 그리고 전문가들의 인터뷰를 두루 실었다. 쉽게 말해 이 책은 그림책 육아에 대해 '이건 맞았군' 혹은 '그건 아니었어'와 같은 생각들을 모은 그림책 육아 수정 노트다.

육아가 어려운 이유는 간단하다. 모든 순간이 첫 경험이다 보니 무엇이 뼈대이고 무엇이 곁가지인지 전혀 감이 잡히지 않아서다. 그래서 아직 경험해보지 못했다는 이유만으로 주변의 자극적이고 공격적인 마케팅에 과하게 불안해하며 쓸데없는 에너지를 소모한다. 개인적인 경험과 주변 엄마들의 이야기를 담았다는 점에서 이 책은 당신의 마음을 한결 편안하고 느긋하게 만들어줄 것이다. 마지막 책장을 넘겼을 때 그림책 읽기에 여유로운 맷집이 생겼다면 당신이야말로 이 책의 가장 멋진 에필로그를 완성해주는 셈이다.

일러두기

이 책은 그림책 육아에 대한 경험서이자 수다서이다. '책육아란 반드시 이렇게 해야 한다'고 말하는 족집게 정답서나 '그림책으로 당신의 아이를 어서 발달시키세요'라고 외치는 자기계발서 같은 책이 아니다. 이 책의 목표는 책육아의 핵심을 놓치지 않으면서 최대한 유아기를 그림책과 행복하게 보내도록 하는 것이다.

0~2세 부모 '책육아의 맥을 잡는다'
유아기를 광속 여행한다 생각하고 처음부터 끝까지 쭉 읽으면서 책육아의 '맥'을 잡는다. 첫아이가 힘든 이유는 아직 겪어보지 못한 낯선 세계를 걸어가기 때문이다. 만약 그 터널을 먼저 통과한 선배 엄마와 며칠 동안 밤새 이야기를 나눈다면 자잘한 시행착오는 있을지언정 엉뚱한 곳에 에너지를 소모하지는 않을 것이다.

3~4세 부모 '아이가 그림책에 폭 빠지게 도와준다'
지금이야말로 아이가 그림책에 '쉽게' 재미를 붙일 수 있는 시기다. 그림책에 집중할 수 있는 환경을 조성해주고 재미있는 그림책을 주변에 배치해 놓는다. 특히 아이의 책 식욕이 강하다면 다양한 책들을 풍성하게 읽어줄 것. 무엇을 선택할지 모르겠다면 '지금 읽기 좋은 책'에서 추천하는 스테디셀러 단행본이나 전집을 참고한다.

5~7세 부모 '창작과 지식책의 균형을 잡는다'

이미 부모의 마음이 초등학교 선행 학습으로 기울어지는 시기. 공부에 도움이 되는 책과 이야기책의 균형을 잡는 것이 중요하다. 이야기 중심의 그림책이나 아이의 상상력을 자극하고 마음을 보듬는 창작그림책을 풍성하게 읽어줄 것. 아이가 책을 좋아하지 않는 대여섯 살이라고? 나이보다 한 단계 낮춰 3~4세 파트부터 시작해 초등 생활에 도움이 되는 5~7세 파트까지 두루 읽어본다.

실용적인 단행본과 전집

그림책 육아의 핵심을 짚어가되, 부모들이 궁금해하는 그림책을 연령별·주제별로 정리했다. 20년 선배 엄마들이 아이에게 읽혔다는 장수 전집부터 최근에 나온 독특한 단행본 및 시리즈까지 두루 목록에 넣었으니 '무슨 책을 볼까?' 궁금할 때 검색의 첫 단추로 사용하시라.

언제나 마법에 빠질 듯한 표정으로
나와 함께 그림책을 읽어준 햇살이에게

그림책이 너무 낯설고 어색한 당신을 위한 기초 입문 편.
좋은 그림책을 어떻게 구분하고 아이에게 어떤 방식으로 읽어주며
효과적인 노출은 어떤 것인지 이야기한다.
그림책에 대해선 "아무것도 모르겠어요"라고 말하는 엄마들을 위한 파트.

0~2세

엄마는 그림책이 낯설다

★

7년 만에 소중한 아이를 낳았지만 과연 어떻게 키울 것인가에 대해서는 지도 없이 낯선 나라에 도착한 여행객마냥 막막하기만 했다. 내가 막연하게 떠올린 육아 방식은 '그림책이나 읽어주자'는 것이었다. 그건 우연히 보았던 텔레비전 프로그램의 한 장면에서 비롯되었다. 햇살이 쏟아지는 유럽의 도서관에서 그림책을 읽어주는 엄마의 모습은 그 얼마나 매혹적이었던가.

영국에서 시작된 북스타트 운동이 확산되면서 심지어 비행기로 12시간이나 떨어져 있는 대한민국에서도 아이에게 책을 읽어주는 일이란 엄마의 현명한 의무이자 올바른 교육처럼 여겨졌다. 그림책만 즐겁게 읽어주면 아이의 상상력과 창의력이 하늘 위를 자유롭게 유람할 듯했고 입말도 한껏 앞설 것만 같았다. 좀 유리하게 해석을 달자면 나는 글을 조금이라도 끼적이던 인간이니 그림책 읽어주기야말로 나의 전문 분야일 듯싶었다. (오, 그건 오로지 나만의 착각이었다.)

산후 조리원에서 만난, '아이'에서 '아이들' 엄마로 승급한 선배들 역시 나의 확신에 힘을 실어주었다. 그들은 노후화된 몸을 찜질하면서 곧잘 자신의 교육관을 펼쳐보였는데, 그 와중에 종종 '책 읽기'를 언급하곤 했다. 초보 엄마에게 둘째 혹은 셋째 엄마의 이야기란 신화의 영역처럼 경이롭게 들리는 법, 그들의 이야기를 재빨리 머릿속에 받아 적기에도 바빴다.

그리하여 나는 이상적인 유아 독서를 상상하며 서점에서 돌쟁이를 위한 그림책 몇 권을 사서 가지고 돌아왔다. 그런데, 생각지도 않게, 문제는 책장을 펼친 딱 '거기'에서 시작되었다. 글줄로 잠식된 두꺼운 책도 곧잘 읽어내던 내가 정작 글이라곤 한 문장이 고작인 손바닥만 한 그림책이 영 낯설게 느껴졌다. 마치 첨단멀티광파오븐의 복잡한 설명서를 억지로 읽는 기분이랄까. 무슨 책이 좋은지, 어떻게 읽어줘야 할지, 다 읽어준 뒤에는 '끝'이라고 외쳐야 할지 아니면 슬그머니 아이 얼굴에 대고 미소를 지어야 할지조차 헷갈렸다. 그림책 앞에서 나는 늙은 엄마의 지혜라고는 조금도 짜낼 수 없었다.

다른 엄마들은 이토록 난감한 상황을 어떻게 뚫고 나갈까, 인터넷에서 검색을 하던 찰나 나는 내가 모국어를 능숙하게 쓴다는 사실을 심각하게 의심해야만 했다. 그들의 대화가 마치 외계에서 수신호를 주고받는 것처럼 기이하게 다가왔던 탓이다. "보드북과 양장본 중에 뭐가 좋을까요?", "병풍책 사셨나요?", "마꼬와 명꼬, 뭐가 낫죠?", "노부영 시작했어요!" 그랬다. 인터넷 속의 엄마들은 암호 섞인 이야기를 마치 "은행은 길 건너에 있어요", "방금 시금치 한 단 샀어요"와 같은 일상용어처럼 사용하고 있었다. 나는 순식간에 길 건너편에 있는 은행조차 찾아갈 수 없고 시금치 한 단도 살 수 없는 암담한 기분에 빠져버렸다. 아이에게 그림책을 읽어주는 일이란 마치 수백 장의 설명서를 읽어야 제대로 해낼 수 있는 영역처럼 다가왔다. 적어도 그때에는.

그림책,
넌 누구냐?

• **그림책** : 어린이를 위해 주로 그림으로 꾸민 책. Picture Book.

간단하게 보자면 그림책은 그림과 글이 결합된 아이들을 위한 책이다. 삽화책에서는 한자 '꽂을 삽插'이 의미하듯 그림이란 글 중간에 들어가는 보충 대원에 불과하지만 아이들 책에서 그림은 버젓하게 주인공 역할을 한다. 웬걸, 요즘에는 그림만 있어도 완벽한 책 한 권이 만들어진다.

아이에게 책을 읽어주는 일이란 현대 여성의 특화 영역은 아니다. 그림책 읽기는 1658년 보헤미아(현 체코)의 교육학자 코메니우스 J. A. Comenius에 의해 일찍이 시작되었다. 그는 어린이가 쉽게 이해하도록 각 항목마다 위에는 그림을, 아래에는 설명을 적은 교과서 『세계도회Orbis Sensualium Pictus』를 만들었다. 지금은 당연하게 보이는 이러한 구성은 당시로서는 매우 혁신적인 것이어서 현재 『세계도회』는 최초의 시청각 교재 혹은 최초의 그림책으로 여겨진다. 코메니우스는 이 책 서문에 '사물과 언어, 그리고 문자를 통합하여 짧은 시간에 흥미 있고 정확한 지식을 감각에 의해 얻으려는 데 목적이 있다'라고 적었다.

이후 '어린이를 위한' 그림책이 속속 출간되면서 수많은 사람들이 그림책에 대한 의의나 찬사를 늘어놓았다. 세계적으로 유명한 그림책 작가부터 아파트 단지를 오가던 영업 사원까지 다들 그럴싸하게 그림책이란 무엇인가, 왜 아이에게 그림책이 좋은가에 대해 자신의 의견을 내놓았다.

그림책은 말 그대로 글이 별로 없고 그림이 많은 부분을 차지합니다. 하지만 그 약간의 글은 금방이라도 터질 듯한 시한폭탄과 같습니다. 그림은 폭발이라고 할 수 있고요. 그림책에서 제가 할 수 있는 일은 언어를 은유와 상징으로 압축하여 표현하는 것입니다. 그림은 오페라의 무대와 같고 글은 오케스트라의 협연에 비유할 수 있습니다. 실제로 둘 중 하나라도 없으면 작품이 만들어질 수 없죠.
— 스티븐 헬러, 『일러스트레이터는 무엇으로 사는가』

세계적인 그림책 작가인 모리스 센닥Maurice Sendak은 "그림책과 이야기책의 차이점은 무엇입니까?"라는 질문에 위와 같이 말했다. 당시 착한 아이가 주류를 이뤘던 그림책 출판 관행을 깨고 그는 『괴물들이 사는 나라』에 아이다운 모습을 고스란히 담아내면서 세계적인 작가가 되었다(책 속에서 '맥스'라는 남자아이는 자신을 꾸짖는 엄마에게 "잡아먹어버릴 거야!"라고 당돌하게 말한다, 1963년도에 말이다). 그가 생각하는 그림책이란 글과 그림이 한쪽으로 기울어지지 않고 상생하는 것, 둘의 아름다운 협연이다.

드넓은 그림책의 세계는 눈으로 그림을 보면서 귀로 문장을 들을 때의 신비로운 작용에 의해 만들어집니다. 여러분은 이것이 그림책이라고 생각하겠지만 이것은 그림책의 입구에 지나지 않습니다. 진정한 그림책은 다른 곳에서 만들어집니다. 어린이가 독자일 경우에는 어린이가 직접 그림책을 만듭니다. 즉, 귀로 말을 듣고 눈으로 그림책의 그림을 봅니다. … (중략) … 귀로 들은 말의 세계와 눈으로 본 말의 세계가 어린이 속에서 하나가 됩니다. 그때 그림책이 완성되는 것입니다.
- 마츠이 다다시 외, 『그림책의 힘』

그림책에 열정과 사랑을 쏟는 편집자, 마츠이 다다시松居 直는 우리나라에도 번역된 수많은 그림책을 만들어낸 인물이다. 내가 새삼 놀란 지점은, 그의 정의가 책육아의 가장 현실적인 부분을 정확하게 짚어내고 있다는 것이다. 막상 아이를 낳아 기르면 유아기 동안의 책 읽기란 대부분 부모의 품이나 무릎 위에서 이뤄진다는 걸 절감한다. 즉, 어른이 읽어주고 아이가 머릿속에서 완성시키는 과정이다.

"그림책을 많이 읽은 아이들은 창의력과 상상력이 뛰어나고 생각이 야무지며 말이 빠르죠. 무엇보다 나중에 학교에 가서 공부를 잘해요. 유아기에는 무조건 책을 많이 사서 열심히 읽어줘야 합니다. 제 말을 믿으세요. 저요? 아이를 셋이나 키웠다구요! 참, 몇 동 몇 호에 사시죠?"

그림책에 대한 최신판 정의는 밤낮 없이 아이에게 젖을 물리던 시기, 아파트 단지에 홀연히 등장한 전집 영업 사원으로부터 흘러나왔다. 답답한 육아에서 탈출하기 위해 아기띠를 메고 산책로를 서성이던 나에게 그녀는 "어머니, 아이가 몇 개월인가요?"로 시작되는 친근한 안부를 물으며 다가왔다. 이어 선배 엄마의 자애롭고도 구성진 이야기로 나를 사로잡았다. 그녀의 개인적이고도 직업적인 육아 경험을 통해 본다면 그림책은 빨리, 많이, 어서 읽히는 것이 최고였다. 그렇게만 하면 아이는 똑똑하고 예의바르며 창의적으로 자랄 것이 분명했다.

"가장 만만한 육아 방식이랍니다. 솔직히 말해서 최대한 '덜' 피곤하게 아이와 보낼 수 있는 놀이랄까요. 아이가 돌만 지나도 하루 종일 어떻게 시간을 보낼까, 아니 버틸까 고민하잖아요. 그때 그림책만큼 만만한 게 없어요. 책을 앞에 두고 이런저런 이야기를 하는 거죠. 요즘처럼 나이 많은 부모들이 넘쳐나는 시기에 이만큼 체력 보존적인 놀이는 없답니다."

누군가 나에게 마이크를 넘긴다면 두 눈을 부릅뜨고 이렇게 말할 터. 요즘 놀이터에 나가보면 나이 많은 엄마 아빠들이 그야말로 가득하다. 새치인지 흰머리인지 하얀 머리카락이 너무 많아 '과연 저분이 아빠일까 할아버지일까' 심각하게 고민하게 만든다. 마음은 젊어도 몸이 늙으면 만사가 피로한 법, 아이와의 신체놀이만 한 고역이 없다. 나이 들어 아이와 몸놀이나 역할놀이를 무한 반복하는 일에 비하면 바닥에 엉덩이 척 붙이고 그림책을 반복하는 일이란 싱거울 만큼 손쉽다.

무엇보다 시간이 지날수록 세상에서 가장 부작용이 없는 교육 도구라는 사실에 감사하게 된다. 단적인 증거로 온 인류가 몇 백년 전부터 지금까지 각 가정에서 수많은 아이들에게 그림책을 읽어주었지만 "책을 읽어서 아이가 이상해졌어요" 혹은 "책이 아이를 망쳤어요"라는 부작용 사례는 들어보지 못했다(그림책을 선행 학습의 도구로 삼는 우리나라에서 발생한 것만 빼면). 육아에서는 새롭고 효율적인 수단보다 이미 검증된 것이 선호된다는 점에서 그림책은 그야말로 판타스틱한 존재다.

너무 낯선,
그림책 이름표

그림책에 갓 입문한 엄마들이 가장 헷갈려 하는 순간은 요상한 단어가 마구 출몰하는 때다. 좋은 그림책이나 찾아볼까 싶어서 인터넷을 기웃거리면 생전 처음 듣는 단어들이 등장해 정신을 헤집어놓는다. 돌쟁이를 둔 한 엄마가 '좋은 책 좀 추천해주세요'라고 인터넷 카페에 질문을 올리면 다음과 같은 댓글이 대롱대롱 매달린다.

보드북『사과가 쿵!』추천해요!
(아이의 작은 손으로도 넘기기 쉽게 두꺼운 종이로 만든『사과가 쿵!』이란 그림책을 추천해요.)

우리 아이는 플랩북과 팝업북을 너무 좋아해요.
(덧댄 종이를 들춰보는 책이나 그림이 입체적으로 튀어나오는 책을 너무 좋아해요.)

창작 말하는 거죠? 마꼬 어떠세요?
(이야기책 말하는 거죠? 창작 전집인 '마술피리그림책 꼬마'는 어떠세요?)

내 머릿속에서는 대화 여기저기에 빨간 밑줄이 그어졌다. 도대체 보드북과 플랩북이 무엇이고 창작은 뭘 말하는 건지 알 수가 없었다. (이건 나중에 안 거지만) 엄마들은 유명한 전집 이름을 죄다 줄임말을 써서 암호처럼 주고받고 있었다. 프뢰벨의 영어다중을 '영다', 제이와이북스의 노래 부르는 영어 동화를 '노부영', 웅진다책의 마술피리그림책 꼬마를 '마꼬', 교원의 월드픽처북을 '월픽'이라 불러댔다. 그러니 나 같은 사람은 꽤나 오랫동안 노부영을 영어 교육 쪽에서 꽤 유명한 사람이라 착각하며 살아야 했다.

그림책 세계를 파악하는 첫 번째 순서는 자주 사용되는 몇 가지 이름표를 이해하는 것. 특히 아이가 두 돌이 되기 전까지는 형태에 따른 그림책 이름표를 자주 사용한다. 그림책 내지가 두꺼운지 얇은지에 따라 보드북과 하드커버북, 내지에 덧댄 종이가 있는지 아예 툭 튀어나오는지에 따라 플랩북과 팝업북이라 부른다. 다 이유가 있다. 아이가 태어나서 허리 세우고 기고 걷다 자유롭게 뛰기까지가 두 돌까지의 다이내믹한 삶이다. 한창 집 안 구석구석을 탐색하면서 신체 발달을 기적적으로 이뤄내는 시기에 그림책의 사명이란 오로지 아이에게 '잘' 보이는 것뿐이다. 최대한

보드북
페이퍼백

병풍책
보드북

플랩북

팝업북

아이의 흥미를 끌기 위해, 아이의 오감을 자극하기 위해 형태에 변화를 꾀한다. 두 돌이 지나면 (다 그런 것은 아니지만) 두꺼운 겉 표지에 얇은 내지로 형태가 비슷해지니 이제 책 안에 담긴 내용에 따라 이름표가 달라진다.

보드북 Board Book

표지와 내지 종이가 죄다 두꺼운 그림책. 태어나서 두 돌까지는 손가락으로 얇은 종이를 넘기기 어려운데다 장난감처럼 입에 물고 빨아대니 찢어지지 말라고 두꺼운 종이를 사용한다. 분량도 24쪽 남짓인데다 글도 쪽마다 한두 줄로 간단하다. 보통 8개월부터 두 돌까지 보지만 글줄이 적은데다 비슷한 문장이 반복돼 나중에 한글을 뗄 때도 유용하다.

하드커버북 Hardcover Book

표지는 두껍지만 내지는 얇은, 가장 흔히 볼 수 있는 형태다. 양장본도 똑같은 말. 인터넷 서점에서 그림책을 고르면 세부 설명에 '양장본'이라고 쓰여 있다. 아이가 더 이상 그림책을 물고 빨지 않으며 손가락으로 얇은 종이를 넘길 수 있는 두 돌부터 본다(너무 일찍 사주면 찢어지기 쉽다). 아이가 다치지 않도록 모서리를 둥글게 처리한 책도 있다.

페이퍼백 Paperback

얇은 코팅 종이로 겉표지를 만든, 흔히 페이퍼북으로 불리는 녀석이다. 무게가 가볍고 책장도 별로 차지하지 않는데다 가격까지 싸다. 페이퍼백의 진가는 아이와 한창 산책을 다니는 시기에 드러난다. 무겁지 않으니 배낭에 몇 권 넣었다가 햇살 좋은 날 공원 벤치에서 꺼내 읽기 좋다(양장본은 몇 권만 넣어도 어찌나 무거운지 어깨가 빠질 듯하다). 얇은 종이를 넘길 수 있는 두 돌부터 본다.

플랩북 Flap Book

그림 일부분에 날개 같은 종이가 덧대어진 책. 아이가 덧댄 종이를 들추면 숨어 있던 그림이 나타난다. 주로 아이가 집 안을 돌아다니며 숨어 있는 동물이나 물건을 찾는 숨바꼭질 이야기가 많다. 아이가 엄지와 검지로 무엇이든 잡을 수 있는 시기부터 보면 좋다.

사운드북 Sound Book

그림책에 붙어 있는 몇 개의 버튼을 누르면 소리가 나온다. 동물 책에서는 동물 짖는 소리가, 자동차책에서는 시동 거는 소리가, 악기책에서는 북이나 심벌즈 소리가 나온다. 요맘때 아이들은 무엇이든 던지고 만지는 것으로 '스스로 해냈다'라는 생각을 갖는다. 사운드북도 '누르면 소리가 나는' 직접적인 반응이 있어 아이들이 좋아한다.

팝업북 Pop-up Book

책장을 펼치면 입체적인 그림이 솟아오른다. 아이에게 "책은 심심하지 않아!", "봐, 툭 튀어나오니까 재미있지?"라고 말을 건네는 책이다. 돌부터 두 돌 사이에 보는 간단한 팝업북부터 어른이 보기에도 환상적인 예술책까지 수준이 다양하다. 단, 책의 운명은 가혹해서 호기심 가득한 아이의 손길에 찢기고 뜯기다 장렬히 전사하기 쉽다. 내 아이가 사랑하던 팝업북의 주인공은 날이 갈수록 머리와 팔다리가 사라지더니 나중에는 팔 하나만 달랑 남았다.

병풍책
Folding Book

페이지가 서로 붙어 있어 병풍처럼 쫙 펼칠 수 있다. 글은 별로 없는 대신 그림이 페이지마다 쭉 이어진다. 아이 주위에 병풍처럼 펼쳐 세울 수 있어서 놀이책으로 이용 가능하다. 돌 즈음에는 종이로 된 집처럼 아이 둘레에 세워놓다 두 돌을 넘긴 다음부터는 손가락으로 그림을 짚어가며 이야기한다.

좋은 책의 기준?
이것만 확인해!

아이를 낳으면 엄마들은 '좋은 책'에 집착한다. 하지만 '좋은 책'의 정의란 생각보다 간단하지 않다. 그림이 좋다는 말인지, 이야기가 좋다는 말인지 혹은 출판사가 유명하다는 말인지 헷갈린다. 우리나라에서 그림책이 속속 출간되던 1990년대 초반으로 시간을 둘둘 말아보자. 유아 교육의 개념이 생기면서 서점에는 알록달록 그림책들이 쏟아지기 시작했다. 그중에는 외국의 유명 그림책을 잘못 번역하거나 인기 작품을 대충 베낀 함량 미달의 작품도 있었다. 나는 인터뷰를 하면서 "피가 묻은 칼이 여과 없이 그려진 그림책도 있었다니까! 그때 내 아이가 몇 살이었더라……"라고 말하는 20년 선배 엄마의 이야기도 들었다.

배고픈 애벌레

세상에서 가장 재미있는 책

구름빵

글과 그림이 조화를 이루나?

마츠이 다다시의 이야기를 아직 기억하는지. 그림책은 그림과 부모의 목소리가 아이의 머릿속에서 어우러지며 완성된다. 시각과 청각의 결합이 굉장히 중요하다는 얘기다. 그림책을 처음 접할 때는 환상적인 그림에 혹하기 쉽지만 그만큼 중요한 부분이 청각을 담당하는 글이다. 경험상 글과 그림이 자연스러운지 부모가 간단히 확인하는 방법이 있다.

① 엄마가 그림책을 '소리 내어' 읽으면서 문장이 매끄러운지, 어감이나 단어가 흥미로운지 확인한다.
② 아이가 하듯 그림만 보면서 책장을 넘긴다. 그림이 이야기의 핵심을 제대로 표현했다면 글 없이도 이해가 가능하고 심지어 재미있다.

말의 재미가 살아 있나?

아이들은 리듬이 살아 있는 단어나 문장에 재미를 느낀다. 가령 영국이나 미국에서는 영유아들을 위한 그림책에서 '3R'를 중시한다. 아이의 귀를 자극하기 위해 리듬Rhythm, 라임Rhyme, 반복Repetition을 강조한다는 얘기. 우리나라 그림책도 마찬가지다. 페이지마다 똑같은 문장이 반복되거나 의성어와 의태어가 자주 나온다. 사실 그림책에서는 강아지가 그냥 달리거나 지렁이가 쉬 지나가면 직무유기에 해당되는 분위기다. '복슬복슬' 강아지가 '폴짝폴짝' 달리거나 '매끈매끈' 지렁이가 '꿈틀꿈틀' 기어간다. 꼭 기억하시길. 아이는 귀로 책의 '반'을 읽는다!

3 그림체가 다채롭나?

아이의 상상력과 호기심을 자극한다는 점에서 부모들은 물감 채색은 기본이고 다양한 재료와 형식을 채용한 그림을 선호한다. 콜라주 기법을 애용하는 에릭 칼의 『배고픈 애벌레』, 도장 찍기 기법을 활용한 레오 리오니의 『으뜸 헤엄이』, 단추, 천, 볼트와 같이 독특한 재료를 사용하는 크리스티앙 볼츠의 『세상에서 가장 재미있는 책』, 사진과 그림을 합성한 모 윌렘스의 『내 토끼 어딨어?』처럼 말이다. 우리나라에서도 많은 미술학도들이 그림책 시장에 뛰어들면서 다채로운 그림체는 이제 기본 사양이 되는 분위기다. 백희나의 『구름빵』처럼 아예 입체 세트를 촬영한 사진을 사용하기도 한다.

자, 현재 시점에서 이야기를 다시 시작하자. 지금은 그림책 전성시대. 도서관에 가도 서점에 가도 볼 만한 그림책이 쌓이고 쌓였다. 해외 유명 작가의 최신작이 번역되어 출간되는가 하면 우리나라 작가들이 세계적인 그림책 상을 수상하기도 한다. "그림책은 아이들만 보는 책이 아니라구요, 이건 예술 작품에 가까워요"라고 외치는 사람들도 있다. 이게 무슨 말이냐고? 그림책 전성시대에는 무슨 책을 고르든 '기본은 간다'라는 말이다. 과거 심판대에 자주 오르던 어색한 그림이나 마구잡이 편집, 어설픈 제본 상태를 가진 조악한 상품은 거의 사라졌다. 위의 세 가지 기준에서 본다면 1번에서 글이 좀 약한 책들이 눈에 띌 뿐 2, 3번은 가뿐히 통과한다. 교육 전문가나 선배 엄마들에게 "좋은 그림책의 기준이 뭡니까?"라고 물을 때마다 그들이 애매한 표정을 지으며 답을 회피했던 이유였다. 상황이 변했다면 기준도 달라지는 법. 지금 당신이 책을 고른다면 다음 한 가지에 집중한다.

오, 이건 나의 이야기야!

아이가 책을 읽으면서 '나의 이야기야', '내가 봤던 거잖아', '나도 비슷하게 느꼈어' 이런 생각을 한다면 괜찮은 선택이다. 예컨대 세 돌까지는 자신과 주변 사물, 즉 눈에 보이는 구체적인 대상에 관심을 보인다. 아직 세상을 알아가는 단계이니 당연하다. 돌 무렵의 아이가 그림책에서 이유식 먹는 아이를 본다. '어? 나도 비슷한 거 먹었는데!' 하면서 흥미를 보인다. 두 돌 된 아이가 그림책에서 똥 누는 동물을 본다. '어? 나도 똥꼬에 힘줬는데!' 하면서 관심을 가진다. 세 돌짜리 아이가 산책길에서 개미를 봤는데 그림책에서 개미가 모험을 떠난다면 당연히 다음 장을 보려고 책장을 넘긴다. 무엇이든 아이에게 밀착된 이야기나 그림이 우선이다.

이야기가 설명보다 동화로 꾸며졌다면 더욱 매력적이다. 사마귀에 대한 책이라면 두 가지 버전이 나올 수 있다.

① 사마귀가 풀밭에 앉아 있어요. 사마귀를 잡아먹는 것은 새지요. 사마귀는 몸을 숨깁니다. (이런 식의 설명글이 예술적인 그림과 함께 펼쳐진다.)

② 사마귀가 할머니 집을 찾아간다. 앗! 갑자기 하늘에서 새가 날아온다. 잎사귀 밑으로 숨어서 안도의 한숨을 쉰다. "정말 큰일 날 뻔했어!" 말하고 다시 모험을 떠난다.

부모 마음에야 지식이 가득하고 그림이 멋진 ①번이 마음에 들겠지만, 아이들에겐 이야기가 중심인 ②번 그림책이 훨씬 재미있다. 나이가 어릴수록 모든 사물이 자기처럼 살아 있다고 생각하는 물활론이 작동하는 터라 이야기에 몰입하기가 더 쉽다. 요맘때 그림책에 등장하는 주연과 조연의 얼굴, 그것이 해님이든 사마귀든 죄다 눈, 코, 입이 달리는 까닭이다.

3분 만에 책 고르는 법

유아책 시장이 커지면서 새로운 전집과 단행본이 계속 쏟아지지만 생각보다 기복이 심하지 않다. 10년 전에 태어난 아이도 잠들기 전에 『달님 안녕』, 『잘 자요, 달님』을 봤고 10개월 전에 태어난 아이도 같은 책을 봤을 가능성이 높다.

그림책은 부모가 아이를 낳고 처음 접하는 세계. 뭣 모르던 엄마가 열심히 책을 읽어주면서 감을 잡을 때쯤 아이는 초등학교에 입학한다. 그림책 안녕. 다시 아무것도 모르는 엄마들이 시장에 진입하고 졸업하는 구조가 반복된다. 아이를 하나둘 낳기는 해도 강산이 마르고 닳도록 계속 출산하는 경우란 '세상에 이런 일이'에 나올 만큼 희귀하니까 말이다. 게다가 부모가 아이에게 보여주고 싶은 주제도 나이마다 거의 정해져 있다. 창작에서는 꿈과 희망, 그리고 자신감, 생활책에서는 이 닦기, 손 씻기, 골고루 먹기 등이 불변의 주제로 꼽힌다. (너무 옛날 사진을 사용한 지식책을 제외하면) 유아기의 그림책은 20~30년 전에 만들어졌대도 전혀 문제가 없다. 이러한 특징을 이해한다면 아주 바쁜 부모에게는 다음과 같은 선택도 가능하다. 글과 그림의 조화, 반복과 운율, 다양한 그림체를 고려하는 것이 책 고르기의 정석이라면 다음은 이것저것 다 따지기 귀찮다는 부모들을 위한 선택의 축지법이다.

도서관의 낡은 책들

시간 날 때 슬슬 아이와 도서관 유아실에 놀러 간다. 책장에 꽂혀 있는 책 중에서 똑같은 책이 두세 권 겹쳐 있거나(인기가 많아서 추가로 구매한 경우), 사람의 손길이 많이 닿아 낡은 책이 눈에 보일 것이다. 분명 유명 작가의 책이거나 인기가 많은 스테디셀러일 가능성이 높다. 어떤 엄마는 이러한 선택 기준을 나름 확장시켜 아예 도서관 반납대의 책부터 훑어본다고 말했다. 그것들은 이미 누군가로부터 선택받았을 것이고, 그 누군가는 미리 좋다는 책을 검색했을 테니까.

유아 도서 베스트셀러

인터넷 서점 유아 도서 카테고리에서 상위 목록을 검색하거나 후기가 많은 책을 구입한다. 그 책들은 과거에도 유명했고 이후에도 인기가 높을 확률이 다분하다. 당신이 그 책을 사는 동시에 그 책의 후기는 하나 더 늘어날 것이며, 당신의 후기를 보고 다른 사람이 또 구입할 것이다. 보편적 주제들을 일찌감치 선점해서 인기를 얻은 책이거나 유명 작가의 신작인 경우가 많다.

선배 엄마의 책장

가장 효율적이며 믿을 만하다. 당신 주변에 사람 좋고 책 잘 읽히는 선배 엄마 한 명쯤은 포진해 있을 터. 아이 성별이 똑같고 기질이 비슷하며 아이 나이가 서너 살 위인 엄마가 있다면 안면을 트고 친분을 쌓은 후 그 집에 놀러 가시라. 행동 요령 3단계.

1단계. 책장에 꽂혀 있는 책들을 눈으로 주르륵 스캔한다.
2단계. 양해를 구하고 스마트폰으로 찍는다.
3단계. 이토록 좋은 책을 고르느라 애쓴 선배 엄마의 노고에 찬사를 보낸다. 끝!

당신은 선배 엄마가 그 책을 사기까지 투자했던 수많은 시간을 단번에 아낄 수 있다. 단, 비싼 전집을 수집하듯 사들이는 사람이 아니라 책 좀 보는 사람이어야 한다.

아이가 직접 고른 책

서점이나 도서관에서 아이가 좋아하는 책을 고른다. 물론 이러한 방식에는 엄마의 심리적 고통이 따른다. 자고로 아이들이란 서점에서는 작은 장난감이 붙어 있거나 조잡한 책을 선호해서 카드 읽는 엄마를 우울하게 만들고 도서관에서는 생각 없이 이것저것 빼오기 마련이니까. 엄마 입장에서는 '왜 이걸 고른 거야' 싶겠지만 생각해보면 그 책이야말로 아이 수준과 취향에 딱 걸맞은 녀석이다. 최소한 '내가 고른 책'이라는 막강한 수식어가 따라붙으니 일단 존중해야 옳다. 최악의 상황은? 아이가 고른 책을 나무란 후 부모가 고른 책을 억지로 손에 쥐어주는 것이다.

무엇을 고르든 상관없으니 제발 그림책을 숙제하듯 힘겹게 고뇌하며 고르지는 마시라. 종종 엄마들은 이런 얘기를 입버릇처럼 내두른다. "지금이 아이의 시냅스가 한창 발달하는 시기래요. 좋은 자극을 주기 위해서 어떤 그림책을 골라야 할까요?", "부모에 따라 아이는 영재가 되기도 하고 바보가 되기도 한대요." 글쎄, 내가 보기엔 그림책 A를 사지 않고 B를 읽어주었다고 아이의 영재성이 사라지지도 않으며 그 아이의 인생이 뒤집히지도 않는다. 심지어 출판사에서 어떤 그림책을 기획할 때는 기존에 출간된 책들을 두루 참고하는 바, 어떤 책을 선택하든 이야기나 형식이 아예 엇나가지는 않는다.

지금은 부모나 아이나 다양한 그림책을 접하면서 '보는 눈'을 키우는 시기, 그 과정을 행복하게 즐기는 데 집중한다. 어떤 작가나 출판사의 책이 너무 좋아서 다른 작품을 검색한다면 모를까, 이 책이 아이의 인지 발달에 어떤 혁신적인 공헌을 할까에 대해 너무 고민할 필요는 없다.

그림책 읽어주기 7단계

책장을 넘기고 글을 읽어준다. 넘긴다, 읽어준다, 넘긴다… 이렇게 열 번만 반복하면 돌 무렵에 읽는 책 한 권이 끝난다. 하지만 막상 그림책을 읽다 보면 '앞으로 쭉 가세요. 그러면 목적지가 나옵니다'와 같은 단순한 설명으로는 뭔가 허전하다. 글줄(그림책 속 글의 양, '글밥'이라고도 부른다)이 너무 없는 까닭에 누구는 1분 만에 후딱 읽었다 하고 누구는 20분간 읽어주었다고 하지 않던가. 이런 고민이 머릿속에 세를 불린다면 당신에겐 아주 기본적인 책 읽기 가이드라인이 필요하다. 여기, 아이의 손안에 보드북이 한 권 있다고 치자. 읽기 시작!

제목과 표지로 시선을 끈다

"이 책의 제목은 『사과가 쿵!』이구나!"

사람이건 그림책이건 첫인상이 제일 중요하다. 다행히 표지에는 아이의 흥미를 끌 만한 가장 매력적인 그림이 그려져 있다. 표지를 보면서 제목을 말해주고 아이가 그림을 통해 어떤 이야기가 나올지 상상하도록 한다. "이건 『사과가 쿵!』이란 책이야. 여기 아주 커~다란 사과가 있네. 빨간색이야. 무슨 이야기가 나오는지 한번 보자." 아이가 두 돌을 넘겼다면 이런 말을 덧붙여도 좋다. "우리 햇살이도 이름이 있고 엄마가 있듯이 책도 이름이 있고 만든 사람이 있어"라면서 책 제목과 작가까지 알려주면 가장 이상적이다.

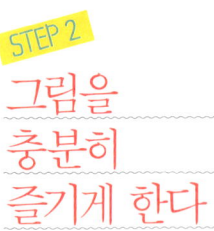
그림을 충분히 즐기게 한다

"개미가 여기 있구나!"

대상 연령이 낮은 그림책일수록 글이라곤 정말 눈곱만큼 있고 나머지는 온통 그림이다. 이때 엄마가 할 일이란 아이가 그림을 만끽하도록 여유를 가지고 기다려주는 것뿐이다. 종종 엄마가 손가락으로 그림을 가리키면서 설명을 해줘도 좋고 아이가 무엇을 가리키면 "그래, 그건 개미야", "거기 개미가 있구나", "그건 뭘까?"라고 반응해도 좋다. 아이가 그림을 '즐기지' 못하는 이유는 딱 하나다. 이야기 중심으로 책을 읽었던 부모들이 짧은 글을 읽어주고는 서둘러 책장을 넘기기 때문이다.

STEP 3
의성어와 의태어에 집중한다

"거인이 쿵쿵 걸어갑니다!"

그림책에서는 의성어와 의태어가 폭풍처럼 쏟아지는 동시에 똑같은 문장이 페이지마다 반복된다. 아이에게 글의 재미를 주는 동시에 상황을 쉽게 이해시키기 위해서다. 부모가 책을 읽어줄 때는 특히 의성어와 의태어에 집중한다. 엄마들이 잘하는 과장된 표정과 억양을 양념처럼 뿌리면서 말이다! 아이는 엄마의 과장된 말투와 표정, 몸동작에 까르르 웃으며 넘어갈 것이다. 재미만을 위해서가 아니다. 적절한 표정이나 동작을 첨가할수록 아이가 '이건 이런 뜻이구나' 쉽게 유추한다. '거인이 쿵쿵 걸어갑니다'라는 부분을 읽어준다면 적어도 엄마가 엉덩이를 들썩이면서 입으로 '쿵쿵' 소리를 강조한다.

STEP 4
소리나 동작을 따라 하게 한다

"한번 따라 해볼래?"

반복되는 의성어나 의태어 혹은 주인공의 표정이나 몸동작을 아이에게 따라 하라고 한다. 아이가 심드렁해하거나 귀찮아할 것 같은가? 전혀 그렇지 않다! 요맘때 아이들이란 가만히 듣기보다 스스로 참여하기를 백배, 천배 좋아한다. 가령 돌이나 두 돌에는 말하기나 몸동작 자체에 재미를 느끼고 이후에는 이야기에 결합된 따라 하기를 즐긴다. 가만있자, 내가 세 살 된 아이에게 세계적인 스테디셀러 『곰 사냥을 떠나자』를 읽어주면서 중간에 나오는 동작을 따라 하게 했을 때였다(책을 읽어본 사람이라면 무슨 말인지 알 것이다). 아이는 그 책을 가져올 때마다 에너자이저가 된 듯 희망에 찬 눈빛을 쏘면서 이렇게 말했다. "엄마, 우리 또 읽자!"

STEP 5
아이 스스로 책장을 넘기게 한다

"책장 좀 넘겨줄래?"

돌을 넘겼다면 아이는 손가락으로 보드북의 두꺼운 책장 정도는 넘길 수 있다. 이건 아이가 책 읽기에 참여한다는 점에서도, 소근육을 발달시킨다는 점에서도 모두 이롭다. 아직도 기억에 뚜렷한 아이의 표정이 있다. 돌 무렵, 내가 책장을 넘겨달라고 했을 때 아이는 노벨물리학상을 수상한 과학자마냥 매우 신중하게 그 작업을 해내고는 뿌듯하게 웃었다. 책장을 '넘긴다'는 단순한 행위에 대해 『그림책은 재미있다』에서는 이렇게 설명한다.

그림책의 모든 장면은 따로따로 그려져 있으며 그림 한 장 한 장이 옆으로 죽 이어져 있지 않다. 하지만 '넘긴다'는 독자의 행위를 통해 따로 떨어진 그림 사이에 연결 고리가 생긴다.

STEP 6
궁금증을 증폭시킨다

"다음은 어떻게 됐을까?"

엄마들의 고전적인 전략 중 하나. 그림책을 읽다가 중요한 순간에 잠깐 뜸을 들여 아이의 호기심을 증폭시킨다. 지금 읽는 간단한 그림책이든 예닐곱 살에 읽는 복잡한 그림책이든 나름의 클라이맥스가 있다. 예컨대 돌쟁이가 많이 읽는 『사과가 쿵!』에서는 모든 동물들이 사과를 맛있게 먹은 뒤 갑자기 비가 내린다. 동물들은 어떻게 할까? 집으로 돌아갈까? 누군가 우산을 가져올까? 바로 이때가 뜸을 들일 순간이다. 책장을 넘기기 전에 "어머, 비가 오네. 동물들은 어떻게 할까?" 이렇게 말하며 생각할 시간을 준다. 엄마의 바람대로 아이가 멋진 상상을 한다면 더없이 좋겠지만 반대로 입을 꾹 다문 채 동상처럼 있대도 상관없다. 적어도 아이는 다음 페이지가 더 궁금해졌을 테니 애초에 손해날 질문은 아니다. 단, 너무 자주 사용하면 아이가 짜증낸다.

STEP 7 이야기를 마무리한다

"이것으로 이야기 끝!"

엄마들에게 물어보면 다들 마지막 책장을 넘긴 후가 가장 당황스러웠다고 말했다. 도대체 무슨 말로 이야기를 끝낼지 모르겠다는 것. 가장 보편적인 마무리는 아이에게 "이야기 끝!"이라고 말해주기. 아이가 정말 재미있게 읽었다면 서로가 느낀 바를 간단하게 말해도 좋지만, 제발 아이의 얼굴을 쳐다보면서 "재미있었어?" 혹은 이미 결론을 정해놓은 듯 "너무 재미있었지?"라고 말하지는 마시길. 정 할 말이 없다면 아이가 이야기의 여운을 즐기도록 내버려두는 편이 낫다. 그냥 조용하게!

주의 사항! 간혹 돌이나 두 돌 된 아이에게 그림책을 읽어주면서 글자를 손가락으로 짚어주는 경우가 있다(우리 남편이 두 돌에 딱 이렇게 했다). 조기 교육에 대한 당신의 열망은 이해하지만 제발 그러지 마시라. 그림 가린다. 아이가 '나는 글자에 관심이 있어요'라고 신호를 보내는 시기는 빨라야 너덧 살이다. 성급하게 손가락을 사용하면 아이는 아름다운 그림 대신 검은색의 정체 모를 글자를 봐야 하거나 그림에 폭 빠지는 데 방해만 될 뿐이다.

지금 우리는 아이와 '책'이 아니라 '그림책'을 보는 중이다. 당연히 그림에 집중해야 옳다! 돌 무렵엔 아이에게 숫자나 한글을 알려주는 일이 부모의 중요한 과업처럼 여겨지지만 나중에 돌아보면 풍성하게 그림을 즐기는 일이야말로 아이에게 훨씬 중요하다는 생각이 든다.

아이들이
홀딱 빠지는
이야기

생후 6개월이면 무엇이든 입에 넣다 9개월이면 기고 12개월이면 걷다 24개월이면 막 뛴다. 온몸이 속싸개에 싸여서 눈만 멀뚱거리던 아이가 공원에서 두 발로 뛰기까지 24개월간의 버라이어티한 성장 과정이다. 이때 아이에게 그림책은 무슨 존재일까. 그냥 장난감이다. '입이 손이다'라는 말처럼 요맘때 아이는 그림책을 물고 빨고 던지며 논다. 지금 책의 사명이란 아이에게 좋은 인상을 남기는 것뿐. 아이가 책을 보고 재미있다, 흥미롭다, 따뜻하다 등 무엇이든 긍정적으로 느끼면 충분하다. 물론 아이의 시력 발달을 감안해 색깔과 선이 선명하고 밝으며 명암의 대조가 뚜렷한 그림이 좋다.

간질간질

우리 아기 까꿍!

나 좀 숨겨 줘

달님 안녕

엄마랑 뽀뽀

사자

알록달록 동물원

아가야 밥 먹자

두드려 보아요

넌 누구니?

수잔네의 여름

우리 엄마랑 집에 갈 거야

입이 큰 개구리

까꿍책, 찾기책

아이가 두 돌이 될 때까지는 까꿍책과 찾기책이 좋다. 다 이유가 있다. 스위스의 심리학자 장 피아제Jean Piaget의 인지 발달 이론에 따르면, 아이는 생후 8개월부터 24개월까지 어떤 물체가 눈에 보이지 않더라도 계속 존재한다는 대상 영속성Object Permanence을 발달시킨다. 생후 6개월 된 아이는 공이 굴러가 보이지 않으면 그냥 사라진 줄 알지만 두 돌 된 아이는 굴러간 곳을 이리저리 뒤져서 공을 찾아오는 이유다. 대상 영속성은 아이가 머릿속에 상징을 만들어낸다는 점에서 매우 중요하다. 심지어 부모와의 애착 관계에도 영향을 미친다. 대상 영속성이 잘 발달된 아이일수록 엄마가 눈앞에 보이지 않더라도 다시 돌아온다는 걸 깨닫고 안정적으로 논다.

요맘때 그림책들도 최대한 아이의 대상 영속성을 발달시키기 위해 집합한 것처럼 보인다. 보였다가 보이지 않거나, 숨어 있다가 나타나거나 혹은 무엇인가 찾는 그림책들이 여기에 속한다. 아이 발달상 까꿍책을 먼저 보다가 대상 영속성이 좀 발달하면 찾기책을 읽는다.

『달님 안녕』
하야시 아키코
한림출판사

돌쟁이를 둔 가정마다 구비하고 있을 만큼 유명한 스테디셀러. 조금씩 달라지는 달님의 표정에 홀딱 반한 아이들이 많다. 둥근 달이 구름에 가려졌다가 다시 까꿍하듯 얼굴을 내미는 과정이 대상 영속성을 발달시켜준다. 자기 전에 읽어주기에 좋다.

『우리 아기 까꿍!』
세바스티앵 브라운
시공주니어

엄마와 아이의 까꿍놀이를 그림책에 담았다. 플랩을 들추면 인형 뒤에서 까꿍, 수건 뒤에서 까꿍, 아이가 얼굴을 내민다. 아이가 플랩을 들추기 전에 엄마가 "여기에 무엇이 있을까?" 말해주면 더 좋다. 돌 무렵에 보기에 적당한 그림책.

『금붕어가 달아나네』
고미 타로
한림출판사

어항 속을 빠져나온 분홍색 금붕어를 찾는 이야기. 언뜻 보면 사라진 듯 보이지만, 자세히 보면 분홍 커튼 사이에, 화분 꽃 사이에, 사탕 유리병 안에 숨어 있다. 색감도 화사하고 귀여운, 일본의 대표 작가 고미 타로의 작품.

『나 좀 숨겨 줘』
여을환 글 강근영 그림
길벗어린이

병아리가 혼자 집에 있는데 어디선가 '쿵' 소리가 난다. 여우가 나타난 줄 알고 신발 속으로 숨는 병아리. 다시 가방에 숨고 다시 이불에 숨는다. 눈에 보이지 않지만 '안에 존재한다'라는 개념이 반복되면서 아이의 대상 영속성을 발달시킨다.

나 좀 숨겨 줘

"엄마가 왔어!"
이불에서 가방이 나왔어.

『어디 숨었니?』
나자윤
㈜비룡소

천과 헝겊으로 정성스럽게 만들고 사진을 찍어 엮은 찾기책. 저자는 디자이너 출신답게 양모 펠트를 비롯하여 니트, 데님, 면, 레이스 등 여러 가지 소재로 다양한 형태를 표현했다. 비슷한 물건 속에 숨어 있는 대상을 찾아내면서 인지력을 키운다.

애착책

애착이란 용어는 영국의 심리학자 존 볼비John Bowlby의 저서에서 가장 먼저 소개되었는데, 영아와 엄마 간의 정서적 유대Affectional Bond로 묘사되었다. 애착 형성은 6~7개월부터 본격적으로 이뤄져 영아는 엄마의 냄새, 음성, 포옹 방식 등의 단서로 애착 대상을 안다. 이후 아이는 특정 대상에 강한 집착을 보이는데, 행여나 애착 대상과 떨어지면 매우 불안해한다. 이런 분리불안 증상은 6~8개월부터 나타나다 10~12개월에 절정을 이룬다. 두 돌이 되면 유아는 애착을 형제, 할머니, 할아버지 등 다양한 대상으로 확대시킨다.

아이 입장에서 보면 애착이란 '이 사람이 나에게 중요한 사람이구나', '이 사람이라면 믿고 살아갈 수 있겠구나'라고 생각하며 믿음직한 관계를 형성하는 과정이다. 아이의 심리를 좌우하는 탓에 이후 인지, 정서, 사회성 발달에 큰 영향을 미친다. 애착의 중요성은 엄마에게도 가볍지 않다. 당신이 아이와 애착 관계를 잘 형성하지 못한다면 아이에게 무슨 문제가 드러날 때마다 누군가 툭 튀어나와 이렇게 말할지도 모른다(심지어 마을버스에서 만난 낯선 할머니까지 조언을 던진다). "그건 애착 형성이 잘되지 않아서 그래요!", "애착 형성 과정에 문제는 없었나요?", "어머, 아이와 시간을 많이 보내지 않았나 봐요."

내가 아이를 낳았을 때만 해도 번역한 책이 애착책 시장을 잠식하고 있었지만 지금은 우리나라 작가가 그린, 까만 눈동자 아이가 주인공인 책이 꽤 늘었다. "사랑해"라는 말을 무한 반복하는 책부터 부모와의 몸놀이를 담은 책까지 다양하다.

『엄마랑 뽀뽀』
김동수
보림

아이를 낳으면 마음껏 누릴 수 있는 특권인 '아이랑 뽀뽀하기'를 사랑스럽게 표현했다. 오리가 연못에서 뽀뽀하고, 거북이가 자갈밭에서 뽀뽀하고, 나무늘보가 나무에 매달려서 뽀뽀하는 모습을 통해 뽀뽀야말로 부모와 자식 간의 기본적인 애정 표현임을 보여준다.

『간질간질』
최재숙 글 한병호 그림
보림

아빠가 아이에게 다가가 '간질간질' 장난을 치자 아빠와 아이가 모두 애벌레로 변한다. 애벌레 아빠가 아이 배꼽에 바람을 넣자 이번에는 아이가 악어가 된다. 상상놀이를 첨가한 몸놀이 그림책으로 아직 아이와의 스킨십이 어색한 아빠에게 특히 추천한다.

『사랑해 사랑해 사랑해』
버나뎃 로제티 슈스탁 글
캐롤라인 제인 처치 그림
보물창고

'사랑해'류의 대표적인 그림책. 임신을 하면 다들 한 권씩 사서 태교를 하거나 아이가 태어나면 사랑 표현을 하기 위해서 읽기도 한다. 나 역시 3권이나 선물 받았거나 물려받았으니까! 따뜻한 색감에 귀여운 아기 주인공이 사랑스럽다.

『우리 아빠가 최고야』
앤서니 브라운
킨더랜드

아이의 눈에 비친 아빠의 모습이 흥미롭다. 험상궂은 늑대도 이기고, 달도 뛰어넘고, 춤도 잘 추는, 어쨌든 무엇이든 잘해내는 슈퍼맨에 가깝다. 가장 '심쿵'하는 순간은 바로 마지막 문장을 읽을 때. 짝꿍책은 앤서니 브라운의 『우리 엄마』.

『사랑해 사랑해 우리 아가』
문혜진 글 이수지 그림
(주)비룡소

엄마의 마음이 가득 담긴 글과 사랑스러운 그림이 만난 동시집. 책장마다 엄마가 아이에게 전하고 싶은 이야기가 가득하다. 그림을 보면서 아이에게 수다를 떨듯 들려주면 좋다. 동시 낭독 CD 포함.

개념책

이제 막 세상 탐색에 나선 아이들에게 '이것은 무엇'이라고 간단하게 알려주는 책이다. 그림 하나당 단어를 써넣은 것이 사물 인지책이라면 색깔, 크기, 방향, 모양, 동물의 기본적인 특징을 알려주는 것은 개념책이다. 물론 많은 엄마들의 기대는 이보다 훨씬 높아 돌을 넘기면서 숫자 한글 영어 그림책을 하나씩 장만하기도 한다. 나 역시 요맘때 숫자나 글자, 그러니까 학습적인 그림책을 아이에게 보여주면서 만족스러운 미소를 짓곤 했다. 당시에는 '아이는 스펀지랍니다'라는 말이 '얼른 조기 교육을 시키세요'라는 얘기처럼 들렸으니까. 하지만 아이는 세상에 나온 지 얼마 되지 않은 존재. 눈앞의 구체적인 사물만을 인지할 뿐, 숫자나 글자와 같은 추상적인 개념은 알기 어렵다. 당신이 하나, 둘, 셋을 말하면 어설프게 따라는 해도 진짜 의미를 이해하지는 못한다는 얘기다. 그러니 벌써부터 학습적인 부분에 집중하기보다 아이와 밀착된 구체적인 대상을 쉽게 설명해주거나 색감과 선, 형태를 다양하게 표현한 그림책을 풍성하게 읽어주는 편이 낫다.

『깜짝깜짝! 색깔들』
척 머피
(주)비룡소

색깔을 알려주는 팝업북. 6개월부터 7세까지 모든 아이들이 볼 수 있지만 색과 형태를 익히는 돌부터 세 돌 사이가 가장 좋다. 단, 돌 무렵에 사면 금방 찢어질 수 있다는 점은 감안해야 한다.

『알록달록 동물원』
로이스 엘러트
시공주니어

동그라미, 세모, 네모 등 단순한 모양으로 동물의 얼굴을 표현한 그림책. 모양을 이리저리 조합하니 호랑이가 되고 다시 여우가 되는 신기한 마법이 펼쳐진다. 사물의 형태에 대한 이해와 더불어 동물의 특징까지 익힐 수 있다.

『넌 누구니?』
엄혜숙 글 이억배 그림
다섯수레

열두 띠 동물이 등장하는 그림책. 아이가 세발자전거를 타고 생쥐를 쫓는다. 책장을 넘기면 생쥐 앞에 소가 있고, 다시 다른 동물의 꼬리가 보인다. 다음 페이지에 나올 동물이나 사물에 대한 힌트만 보여주는 방식은 유아기 그림책의 단골 구성. 아이의 호기심을 자극하면서 동물을 인지하게 돕는다.

알록달록 동물원

넌 누구니?

『우리 엄마랑 집에 갈 거야』
기도 반 게네흐텐
한울림어린이

아기 물고기 하양이 시리즈 다섯 권 중 하나. 친구랑 놀던 하양이가 친구들과 차례로 인사하고 엄마를 찾아가는 과정에서 자연스럽게 위치에 대한 개념을 알려준다. 즉, 인사를 건네는 친구들이 저마다 '바위 위', '껍질 속', '해초 밑' 등에 숨어 있다.

『세밀화로 그린 보리 아기그림책1』
편집부 글 이태수 그림
보리

세밀화로 유명한 보리 출판사에서 0~3세 아이들을 위해 내놓은 개념책 시리즈. 간단한 이야기에 동물, 곤충, 곡식 등을 세밀화로 그려놓았다. 1994년 초판이 나온 후 지금까지 계속 사랑받는 스테디셀러. 3권씩 한 세트로 10개 시리즈가 출간됐다.

生活책

아이들에겐 일상생활 자체가 인생의 '첫 시도'이자 '도전'인 경우가 많다. 돌에 책장을 처음으로 넘기듯 두 발로 산책을 하고 이를 닦고 엄마와 놀다가 유모차를 타고 세상에 나가는 매 순간이 그렇다. 어른들 눈에는 평범하고 소소한 일상생활을 담은 그림책이 아이에게는 충분히 흥미로운 이유다. 그림책의 내용이 아이에게 밀착되었다면 가장 좋다. 이유식을 먹거나 유모차를 타고 가는 것처럼 아이가 겪었던 일상이나 봤던 물건이 그림책에 담겼다면 흥미를 끌어내기에 좋다.

『유모차 나들이』
미셸게
(주)비룡소

산책 나온 아기가 나비를 만나고 이어서 개구리, 오리, 곰 등 동물 친구들을 만나는 이야기. 항상 유모차에 탄 채 세상에 나가는 아이들에게 밀착 지수가 높다. 아기가 개구리부터 곰까지 동물들을 유모차에 태우고 돌봐주는 상상을 하는 부분도 흥미롭다.

『아기가 아장아장』
권사우
길벗어린이

파란색 신발을 신고 턱받이를 한 아기가 세상 탐험에 나선다. 개미에게 인사하고 참새를 만나다 자신과 닮은 또래 친구를 마주치면서 인사를 건넨다. 낯설지만 흥미로운 아기의 일상을 따뜻하게 그려냈다.

『아가야 밥 먹자』
여정은 글 김태은 그림
길벗어린이

아이에게 빵, 팬케이크, 사탕, 과자가 담긴 외국책을 보여주기 싫었다면 이 책이 더욱 반가울 터. 표지의 먹음직스러운 쌀밥이 한눈에 들어오고 뒤이어 콩밥과 주먹밥, 카레밥 등이 나온다. 주인공이 밥이라는데 열렬한 찬성표를 던진다.

아가야 밥 먹자

『잘 자요, 달님』
마거릿 와이즈 브라운 글
클레멘트 허드 그림
시공주니어

꾸준히 사랑받는 잠자리 그림책. 비슷한 그림이 반복되는 듯 보이지만 책장을 넘길 때마다 조명이 커지고 창밖에 달이 서서히 떠오르는 등 조금씩 차이가 있다. 색감이 아름답고 이야기가 따뜻해서 잠자리에서 읽어주기 좋다.

『두드려 보아요』
안나 클라라 티돌름
사계절

아이가 참여할 수 있는 그림책. 손으로 똑똑 문을 두드리고 책장을 넘기면 방 안의 모습이 나온다. 딱 요맘때 아이들의 인지 발달에 맞아 '마르고 닳도록' 본다는 후기가 많다. 사계절 출판사의 '보아요' 시리즈 4권 중에서 가장 인기가 많다.

두드려 보아요

오감놀이책

신체가 한창 발달하는 시기, 그림책은 아이의 오감을 자극하는 것이 목적이다. 특히 돌이 되기 전까지 아이의 시력과 청력이 무섭게 발달하니 이러한 부분을 자극하면 좋다. 예컨대 촉감책은 아이 손끝의 감촉을, 사운드북은 아이의 청각을, 팝업북은 시각과 촉각을 두루 자극한다. 병풍책은 아이의 시력과 손놀림을 발달시킨다. 맞다. 요맘때 그림책들은 다들 '나 좀 만져주세요', '나를 가지고 놀아주세요' 유혹하는 장난감의 친척쯤 된다.

『손가락 인형놀이 빨간 모자』
프란체스카 페리
문학동네어린이

옛이야기 『빨간 모자』에 나오는 소녀, 엄마, 할머니, 늑대, 사냥꾼을 다섯 개의 손가락 인형으로 만든 헝겊책. 그림책을 볼 때 해당하는 손가락 인형을 움직이면서 이야기를 들려주면 마치 인형극을 보여주는 듯 재미있다.

『알록달록 동물 촉감놀이책』
편집부 글 스텔라 배곳 그림
웅진주니어

책장을 넘길 때마다 등장하는 다양한 동물들의 몸 일부분에 실제와 비슷한 재질을 덧대어 페이지를 구성했다. 문어의 매끈매끈한 다리도 나오고 고슴도치의 까슬까슬한 등도 보인다. 아이가 엄마의 이야기를 들으면서 손끝으로 그림을 만지며 느낄 수 있다.

『자동차놀이 사운드북』
편집부
삼성출판사

토이북이라는 이름이 딱 들어맞는 책. 책장을 넘기면 소방차, 경찰차, 구급차 등과 관련된 짧은 이야기가 나온다. 아이는 여기에 맞춰 책 아래쪽에 있는 자동차 운전대를 움직이거나 버튼을 누르면서 놀이를 겸할 수 있다. 재미있는 동요와 효과음이 담긴 사운드북이다.

『입이 큰 개구리』
키스 포크너 글
조나단 램버트 그림
미세기

책장을 펼칠 때마다 개구리 입이 툭 튀어나오고 악어 입이 확 벌어지는 팝업북. 시각적인 재미와 더불어 동물들의 먹잇감에 대한 지식까지 알려줘 인기다. 아이들의 눈이 휘둥그레진다.

『수잔네의 여름』
로트라우트 수잔네 베르너
보림qb

책장을 쫙 펼치면 4m에 이르는 긴 병풍책. 독일 마을의 사계절을 봄, 여름, 가을, 겨울 총 4권의 시리즈에 담았다. 시간의 흐름에 따라 몇몇 사람들의 이야기가 쭉 연결되어 이어지는 것이 특징이다. 첫 부분에서 외출하는 사람이 나중에는 시장에서 장을 보다 파티에 참석하는 것처럼. 아이 주변에 병풍처럼 세우면 집놀이도 가능하다.

언제부터 언제까지 읽어줄까? 설마 7년 내내?

북스타트 운동이 처음 시작된 영국에서는 아이가 태어난 '첫해'에 책꾸러미Bookstart Baby Pack를 가족에게 선물한다. 보라색 꾸러미 안에는 아이에게 읽어줄 두 권의 보드북과 부모를 위한 가이드북이 담겨 있다. 우리나라에서도 각 지역마다 북스타트 운동이 진행 중이다. 예컨대 당신이 서울시 서대문구에서 아이를 키운다면 3개월에서 18개월 사이, 도서관에서 첫 번째 책꾸러미 선물을 받을 수 있다.

이쯤에서 슬슬 고민이 생긴다. 3개월부터? 아니 돌부터? 과연 언제부터 책을 읽어주면 좋을까? 솔직히 말하면 출발점에 대해서는 명확한 기준이 없다. 누군가는 태교할 때부터 보여주기도 하고 누군가는 돌을 넘겨서 읽어주기도 한다. 그나마 가장 객관적인 단서는 아이의 신체 발달에 있다.

① 아이는 생후 4개월이면 목을 가누고 7~9개월이면 혼자서 안정적으로 앉는다.
② 아이의 청력은 엄마의 배 속에서부터 비교적 오랫동안 갈고닦은 바, 생후 4개월이면 친숙한 엄마의 음성에 웃는 반응을 보이며 4~6개월에는 고개를 돌려 소리가 나는 방향을 찾는다. 6개월에는 멜로디의 변화에 반응한다.
③ 생후 3~4개월이면 사람 얼굴의 윤곽을 알아보고 움직이는 사물을 따라 시선을 옮긴다. 영아의 시력은 6~9개월에 걸쳐 빠르게 발달하고 12개월이 되면 사물을 대충 구별할 수 있다(1.0 남짓의 어른 시력에 도달하려면 여섯 살은 되어야 한다).
④ 12개월이면 엄지와 검지를 이용해 물건을 잡을 수 있다. 두꺼운 보드북 책장을 넘길 수 있다는 뜻이다.

아직 아이는 기본적인 신체 발달을 이뤄가는 시기. 책을 보기 위해서는 적어도 네 가지가 가능해야 한다. 아이가 앉아서, 엄마의 이야기를 들으며, 그림을 보다, 책장을 넘기는 과정 말이다. 위의 ①~④번을 종합적으로 참고하면 (물론 배 속에서부터 읽어줘도 상관이 없겠으나) 가장 적당한 시기는 7~8개월부터라는 결론이 나온다. 경험상 돌아보면 이때가 더 '적절하게' 다가오는 이유가 있다. 출산으로 인한 신체적 부담과 밤샘 수유의 피로가 더해져 엄마들에게 아이의 초기 6개월은 정말이지 힘들고 분주하다. 그림책? 읽어줄 생각조차 나지 않는다.

그렇다면 유아기의 그림책 읽기는 언제까지 지속해야 할까. 솔직히 그림책을 열심히 읽어주는 엄마들이 가슴에 품는 공통된 희망 사항이 하나 있다. 아이가 그림책을 읽다가 자연스럽게 그것도 또래보다 빨리 한글을 떼서 그림책을 줄줄 읽는 모습이다. 아이가 혼자서 책을 읽는다면 엄마는 더 이상 목 아프게 책을 읽어줄 필요도 없고 그 시간에 집안일을 해치울 수도 있을 테니까. 정말 이상적이다. 하지만 당신에게는 꽤 우울한 소식이 될 법한 선배들의 증언이 있다. 내가 만난 교육 전문가나 선배 엄마들은 하나같이 부모의 책 읽어주기에 대해 이렇게 말했다.

"아이가 혼자 책을 읽더라도 내용을 제대로 파악했다고 보기는 힘들어. 배경지식이 부족해서 대충 읽었을 가능성이 높지. 글자를 읽을 수 있다면 혼자서 책 읽을 시간을 주되, 적어도 열 살까지는 엄마가 책을 읽어주면서 설명을 덧붙여주는 게 좋아!"
(교육 상담가인 정주연 엄마의 의견이다. 그녀에 따르면 '같이 읽기'는 아이의 생각을 확장시켜주거나 배경지식을 보충해주거나 그림책을 빌미로 아이와 수다를 떨면서 학교생활을 파악하는 데 좋은 연결 고리가 된단다.)

"책을 읽으면서 과거의 추억을 되새긴다거나 비슷한 기억을 꺼내서 말해주면 좋아. 아이는 '아, 내가 그랬었지' 떠올리면서 주인공의 감정에 더 몰입하거든. 남자아이들은 감정 읽기에 워낙 약하잖아."

(교육 잡지에서 일하는 김지민 엄마의 이야기다. 감정 읽기에 강한 여자아이와 달리 남자아이는 주인공이 처한 상황이나 감정에 공감하지 못하는 경우가 많다. 그림책을 읽으면서 엄마가 주인공의 감정을 읽어주거나 자신의 생각을 말해주면 아이의 이해 수준이 더 높아진다.)

"아이가 글자를 알고 혼자서 읽을 수 있어도 (부모가) 읽어주면 좋습니다. 초등학교에 들어가서 글자를 읽을 수 있어도 아이들은 아직 책의 문자를 따라 읽는 데 급급할 따름입니다. 스스로 읽는 훈련을 하는 것도 중요하지만 (부모가) 되도록 책을 자주 읽어줘서 마음으로 책을 즐기는 것이 필요합니다."

('지원이와 병관이' 시리즈로 유명한 고대영 작가의 이야기다. 이 부분은 우리 아이가 7세가 되자 더욱 공감이 갔다. 아이는 종종 혼자서 책을 보기는 했지만 여전히 엄마가 읽어주는 것을 훨씬 좋아했다. 한번은 책을 읽다가 이렇게 말했다. "엄마, 글자를 읽느라 무슨 말인지 통 모르겠어!")

이왕 오래 할 거, 즐기면서 하는 편이 낫다. 생각해보면 아이와 함께 그림책을 읽는 일이란 부담스러운 숙제가 아니라 부모만이 누릴 수 있는 특권에 가깝다. 세상에 누가 우리 이야기에 귀를 쫑긋거리며 환한 얼굴로 집중하겠는가. 당신의 아이가 한글을 다섯 살에 떼든 일곱 살에 떼든 아이가 원하면 그림책을 충분히 읽어줘야 한다. 아이에게 가장 행복한 독서란 글자를 읽어내고 줄거리를 파악하는 과정이 아니다. 부모의 따뜻한 품에서 이야기와 그림에 홀딱 빠져 마음껏 상상의 날개를 펼치는 순간이다. 참, 국립

어린이청소년도서관에서 펴낸 소책자 「책 읽어주세요」에는 이렇게 쓰여 있다.

태아부터 14세까지는 책을 읽어주세요. 14세는 읽기와 쓰기 능력이 같아지는 시기입니다.

허벅지 꼬집으며
밤새 읽어줘야
맞는 거지?

그림책 읽기에 가장 좋은 시간은 언제일까. 낮 시간? 밥 먹은 후? 다행히도 이 질문에 대한 해답은 세계 곳곳에서 온 인류가 365일 실천하는 중이다. 우리네 할머니들은 잠들기 전이면 화롯가에서 아이들에게 호랑이니 곶감이니 하는 옛이야기를 들려주었고, 서양에서는 부모들이 침대 머리맡에서 아이들에게 베드타임 스토리를 들려주지 않았던가. 배경만 조금씩 다를 뿐 '그림책은 자기 전에 읽는 게 최고랍니다'라고 대답하는 모양새다.

대한민국 가정을 살펴보면 '왜 밤 시간인가'에 대한 구체적인 이야기가 나온다. 낮에 신나게 뛰어논 아이는 목욕을 하고 이불 속에 있다(혹은 소파에 앉아 있다). 사방은 조용하고 몸은 노곤한데 사랑하는 부모가 곁에 있으니 마음이 편안하다. 이때 엄마가 책장을 넘긴다. 눈앞에는 환상적인 그림이 펼쳐지고 귓가에는 따뜻한 목소리가 들리니, 아이들이 이 시간을 놓치고 싶지 않은 건 너무나 당연하다.

다른 이유도 있다. 나이가 어릴수록 아이들은 잠드는 과정을 다소 불편해한다. 잠투정의 원인은 아직까지 정확히 밝혀지지 않았으나 아마도 부모와 떨어져 낯선 세계로 빠지는 과정이 두려워서일 것이다(아이의 신체 리듬이 불규칙하기 때문이라 말하기도 한다). 우리 집 아이가 딱 그랬다. 두 돌이 될 때까지 아이는 밤이면 이리저리 몸을 뒤척이다 겨우 잠들곤 했다.

아이는 부모와의 책 읽기가 좋아서건, 불편한 잠의 세계에 빠지지 않기 위해서건 밤 시간에 그림책을 더 보려고 한다. 굳이 순번을 정한다면 ① 자기 전에 그림책에 푹 빠졌다가 ② 아침에 또 책을 찾는다. 우리 집에서도 책 읽기는 거의 밤과 아침에 이뤄졌다. 그림책을 읽다 잠든 아이가 일어날 시간이 되면 이야기를 들려줘 청각적으로 깨웠다.

낮 시간은 어떨까. 아이가 놀이터 삼매경에 빠지지만 않는다면 나쁠 리 있겠는가. 어떤 이는 주말에 산책을 하면서, 또 다른 이는 낮 시간에 맛있는 간식을 먹으면서 책을 읽는다고 말했다. 수적으로야 밤 시간이 단연 많지만 아이의 생활 패턴에서 편안하고 여유로운 시간이라면 언제든 좋다. 30년간 학원을 운영했던 지인도 비슷한 경험을 나눠주었다. 첫아이가 장애가 있던 터라 그녀는 처음부터 효율적인 책 읽기에 집중했다.

> "최대한 아이의 기분이 좋은 시간을 골라서 책을 읽었지요. 클래식 음악을 틀거나 가벼운 간식을 내놓기도 했답니다. '책 읽기란 기분 좋은 일'이란 기억을 축적시키고 싶었어요. 기분 좋은 기억이 쌓일수록 아이는 책을 좋아할 테니까요."

엄마가 직장을 다니거나 둘째가 있거나 함께할 시간이 부족하다면 '환상적인' 분위기는 더욱 중요하다. '책 몇 권을 읽었다'가 아니라 '책 한 권이라도 행복하게 읽었다'가 핵심이다. 우리 집에서는 한동안 북한산이 보이는 빨간 소파에서 책을 자주 읽었다. 최고의 시간은 아침에 일어나 유리창을 통해 따뜻한 햇살이 가득 쏟아지는 순간이었다.

밤 시간 얘기가 나와서 말인데 종종 엄마들은 이런 궁금증도 내비친다. "옆집에서는 밤새 책을 읽어준다면서?", "누구 엄마는 책 읽어주다가 목이 쉬었대!" 요즘 책육아가 대세를 이루면서 엄마들마다 책 읽기 경쟁이라도 벌이는 모양새다. 누군가는 그림책 천 권 읽어주기 프로젝트에 나서지 않나, 누군가는 밤샘 읽기를 위해서 낮 생활까지 바꾼다니 책 몇 권 읽어주는 것만으로는 뭔가 부족하게 느껴진다. 나 역시 육아 초보였을 때 한 엄마가 인터넷 커뮤니티에 올린 '아이에게 그림책을 읽어주기 위해 나는 어떻게 밤잠을 이겨냈는가'라는 글을 매우 심각하게 읽었던 기억이 있다 (그녀는 졸릴 때마다 허벅지를 꼬집고 진한 커피를 마구 마셔댔다고 말했다).

자, 밤샘 읽기에 대한 해답은 옆집이나 '누구맘'에 있지 않다. 스스로의 가치관부터 따져봐야 답이 나온다. 당신은 유형 ⓐ인가 혹은 유형 ⓑ인가.

ⓐ 아이의 키가 덜 자라든 내 피부가 늙어빠지든 그건 뒷일이고, 아이가 원한다면 밤새 책을 읽어주겠다. 초롱초롱한 눈으로 그림책을 보는 아이의 호기심만큼 세상에서 중요한 것이 어디 있을까. 아이가 책에 푹 빠져서 밤새 읽는 것도 길어야 몇 달일 텐데, 내 몸 바쳐 열심히 책을 읽어주고 말겠다. 늙은 피부야 나중에 돈을 모아서 의학의 힘을 빌릴 수도 있지 않은가.

ⓑ 아이의 성장 호르몬이 나오고 나의 늙은 피부가 재생되는 시간은 밤 10시부터 새벽 2시 사이. 아이가 원하는 대로 책을 계속 읽어주다간 아이의 키는 덜 자랄 것이고 내 피부는 더 늙어버릴 것이다. 책 읽기도 중요하지만 규칙적인 생활이 훨씬 중요한 법, 우리 집의 취침 시간은 무조건 밤 9시다.

이건 맞고 틀리고가 아니라 가치관의 차이일 뿐이다. ⓐ를 선택한 엄마들은 밤 시간이야말로 아이의 몰입도가 최고에 이른다는 사실에 집중한 것이고, ⓑ를 선택한 엄마들은 스웨덴 부모들처럼 생활 습관이 책 몇 권보다 더 중요하다고 생각한 것이다. 다행스럽게도 인터뷰를 통해 만난 사람들을 샘플로 삼는다면 밤새 읽어주지 않아도 책에 푹 빠진 아이는 많았고, 밤새 책을 읽었던 아이의 키가 유전자의 혜택으로 표준을 훌쩍 넘어서기도 했다. 그러니 당신의 가치관대로 행동하는 것이 가장 뒤끝이 없다.

그림책 읽기는
방바닥에서
시작된다

아이가 돌이건, 서너 살이건, 아니면 예닐곱 살이라고 해도 책 노출은 유아 독서에 절대적인 영향을 끼친다. 나는 인터뷰를 하면서 '노출만 잘해도 유아 독서는 성공한다'라거나 '노출이 책 읽기의 반'이라는 이야기를 종종 들었다. 무엇보다 내가 아이에게 그림책을 읽어주면서 가장 절실하게 느낀 부분이 '노출'이었다.

생각해보면 책장에 빡빡하게 꽂혀 있는 책들이란 아이에게 그다지 매력적인 대상이 아니다. 아이들은 표지 그림을 보고 '무슨 책이구나'라고 감을 잡는데, 책들이 빡빡하게 꽂혀 있으니 그럴 수도 없고 꽂혀 있는 권수가 많으니 무엇을 선택할지도 헷갈린다. 유아기에는 그림책을 적절하게 노출해주는 과정이 읽어주기보다 우선인 이유다. 내가 경험한 그림책 노출의 핵심은 네 가지다.

1 흥미로운 표지가 보인다

첫 번째 기준은 단연 그림책의 표지다. 반드시 표지의 그림이 아이의 시선을 잡아야 한다. 우리가 모방할 모범 사례는 각 동네의 채소 가게다. 가게는 조그마해도 손님의 시선을 끌기 위해 여기저기 길가 좌판에 여러 가지 채소를 주르륵 늘어놓지 않던가. 사람들은 길을 지나가면서 눈으로 어떤 채소가 있는지 훑다가 원하는 것이 있으면 지갑을 연다.

그림책 노출도 똑같다. 아이가 돌이나 두 돌이라면 작은 책장 하나쯤은 구입할 터, 이때 전면 책장을 더불어 산다. 그림책 표지가 보이게 얹어놓는 책꽂이 말이다. 10권에서 20권 사이의 제한된 그림책만이 보인다면 아이는 무엇을 볼지 더 쉽게 선택할 것이다. 전면 책장이고 뭐고 다 필요 없는 단출한 노출 방식도 있다. 책 좀 읽힌다는 집에서 애용한다는 그림책 거실 바닥에 흩뿌리기와 소파 위에 세워두기. 얼핏 보기에는 그림책을 지저분하게 방치한 듯 보이나 엄연히 책 표지가 보이게 노출한 부모의 고도 전략이다. 다음은 그림책 거실에 흩뿌리기 전략을 고수하는 엄마들의 이야기다.

"거실 벽 아래쪽에 책들을 작은 미술 작품처럼 주르륵 세워놓았어요. 아이가 어디를 가더라도 책을 쉽게 접할 수 있게요. 그러면 어느새 아이가 표지 그림을 보다가 몇 권 집어 오더군요."

"아이가 볼 만한 책들을 소파 위쪽과 거실 바닥에 뿌려두듯 놓았어요. 아이가 오다가다 재미있게 보이는 책을 선택하게 말이죠. 경험상 표지가 자주 눈에 띌수록 아이가 책을 자주 보더군요."

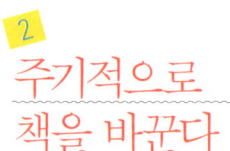

2 주기적으로 책을 바꾼다

노출하려는 책들을 정기적으로 바꿔준다. 전면 책장은 기본이요, 아이가 책장 곁을 어슬렁거릴 때를 대비해 이곳의 책들도 바꿔 꽂는다. 사실 아이를 키우다 보면 가장 귀찮고 손 놓게 되는 부분이다. 단행본이나 전집을 사면 처음에는 설레는 마음으로 책장에 꽂지만 어느새 책까지 가구가 되어버리는 불행한 사태가 생기지 않던가.

아이의 호기심을 자극하고 싶다면 다소 번거롭더라도 책의 위치를 정기적으로 바꿔준다. 맨 오른쪽에 있던 자연관찰을 가운데로, 가운데에 있던 창작을 가장자리로, 그중의 일부를 전면 책장으로 이사시킨다. 아이들은 전면 책장에 새 표지가 보이거나 익숙한 공간에 다른 책이 꽂혀 있으면 '이게 뭐지' 싶어서 갑자기 관심을 보인다. 책 위치 바꾸기는 엄마들의 정신 건강에도 이롭다. 지금이야 책이 얼마 되지 않겠지만 서너 살만 되어도 아이의 책장이 가득해지는 바, 엄마들은 그림책들을 바꿔 꽂다가 혼자서 이렇게 중얼거린다. "어머, 이 책이 여기 있었네!"

3 장난감과 분리한다

지금이야 장난감과 책의 동거가 자연스럽지만, 아이가 두 돌을 넘긴다면 본격적인 책 읽기를 위해서 책과 장난감을 분리시켜야 맞다. 거실이나 아이 방에 책장을 놓는다면 그곳에는 정신 산만한 장난감을 최대한 놓지 않는다. 이쯤에서 당신은 이렇게 말할지도 모르겠다. "아니, 그럼 이 많은 장난감을 어떻게 하라구요? 버릴 순 없잖아요?"

맞다. 그 아까운 걸 냉큼 버릴 수야 없지! 가장 좋은 방법으로 이미 많은 엄마들이 애용하는 '창고 분리 시스템'을 추천한다. 장난감을 A, B 혹은 A, B, C로 나눈 뒤, A만 노출하고 B와 C는 창고에 넣어둔다. 3개월이나 6개월 뒤 B 혹은 C를 꺼내고 A는 창고에 넣어둔다. 단언컨대 분리 시스템을 작동하면 아이의 '시큰둥' 증상(장난감이 많을수록 놀 만한 것이 없다며 새 장난감을 찾는 일)을 없애줄 뿐만 아니라 책을 읽다가 넘쳐나는 장난감에 시선을 뺏길 일도 줄어든다.

4 청각적 노출도 중요하다

유아기 동안 아이들은 대개 '그림'으로 책을 본다. 예닐곱 살이 되어도 글줄이 많은 책을 어른처럼 척척 읽어내지 못한다. 읽기 능력과 이해 능력이 부족하기 때문이다. 그래서인지 아이들은 부모가 한번 읽어준 책을 다시 꺼내보는 경향이 있다. 이미 내용을 대충 알고 있으니 혼자서 그림만 보며 책장을 넘기는 것이다. 즉, 부모가 책을 자주 읽어줄수록 아이가 혼자서 책을 볼 가능성이 높아진다.

부모가 책을 읽어주기 힘들다면 이야기 CD를 틀어놓는다. 최근에는 전집이나 단행본에 이야기 CD가 세트로 딸려 있는 경우가 많다(중고책 사이트에서 각 전집의 CD만 팔기도 한다). 가장 만만한 대상은 창작동화 전집 CD. 예를 들어 '차일드애플', '쫑알이 요술 그림책', '프뢰벨 테마동화', '글끼말끼'와 같이 이야기책에 딸린 CD는 입말도 꽤 재미있다. 평소 CD를 틀어놓으면 아이가 놀면서 이야기를 듣기도 하고 나중에는 그 이야기가 생각나 그림책을 펼치기도 한다. 표지가 시각적 노출이라면 엄마의 읽어주기 혹은 CD 틀어놓기는 청각적 노출이다.

PS

밤 독서를 위한 준비물

밝은 스탠드

밤중 수유를 위한 백열등이 아니라 책 읽기에 적당한 '밝은' 스탠드가 필요하다. 지금이야 책 읽기가 우선이겠지만 시간이 갈수록 눈 건강이 훨씬 중요하다는 사실을 깨달을 터. 그림책은 항상 밝은 곳에서 읽는다. 그렇지 않으면 30대 중반을 넘긴 부모들은 노안에 시력 저하까지 동시에 경험할지도 모른다. 아이 낳고 눈이 급격하게 나빠졌다는 주변 사례자가 꽤 많다.

수면 의식

잠자리 규칙에 책 읽기를 슬쩍 끼워넣는다. 가령 이런 식. 저녁 7시에 목욕을 하고 이를 닦는다. 어둑어둑한 8시가 되면 거실 소파든 안방 침대든 일정한 장소에서 책을 읽는다. 그러다 잠자리에 든다. 저녁마다 이런 생활을 습관화하면 목욕을 마친 아이가 자연스레 책을 집어 들 것이다. 예측 가능한 생활 습관을 통해 자기 주도적 책 읽기를 실천할 수 있다.

아빠의 퇴근 시간

일찍 당기거나 아예 늦춘다. 아이가 책을 읽다 막 잠들려는 순간에 "짜잔, 아빠 왔다!"는 소리를 듣지 않으려면 말이다. 최악의 시나리오는 우리 집에서 종종 벌어졌다. 아이가 잠들 만하면 아빠가 벌컥 방문을 열어젖혀 아이의 수면 시간이 훌쩍 뒤로 밀려났다. 결국 나는 남편에게 은밀한 문자를 보냈다. "제발 어정쩡하게 들어오지 말고 아예 더 놀다 와!"

Q 0~2세 그림책 읽기 Q&A

Q 단행본이 좋다는데, 왜 그럴까?

그림책 보는 눈을 키우려면 단행본이 좋다. "세상에 이런 책이 있네?", "에릭 칼의 다른 작품을 찾아볼까?", "이 출판사의 아기 시리즈는 다 좋구나!" 이렇게 자신의 취향에 따라 그림책을 찾아가는 재미가 있어서다. 무엇보다 요맘때 아이에게는 그다지 많은 책이 필요하지 않다. 배경지식이 부족한 아이에게 책은 매일 반복해서 봐도 흥미로운 대상. 오늘은 그림책의 나비를 보다 내일은 꽃을 보면서 반복 읽기를 즐긴다. 수많은 구성의 전집을 굳이 살 필요가 없다는 얘기다.

예컨대 이런 방식은 어떤가. 아이를 임신하면서부터 매달 몇 권씩 그림책을 구입하는 것이다. 그림책을 읽는 것만큼 좋은 태교가 없는데다 아이에게 읽어줄 그림책을 미리 접할 수 있으니 두루 이롭다. 경제적인 부담도 덜하다. 한 달에 2만 원 남짓으로 책을 구입하면 1년이면 약 30권, 두 돌이 되면 약 60권의 그림책이 쌓인다. 여기에 주변에서 물려준 책, 선물 받은 책이 더해지면서 엄마와 아이의 책장이 채워진다.

아이가 책을 좋아하는 사례를 보면 엄마들이 일찌감치 아름다운 단행본에 취해 아이에게도 그 즐거움을 나눠준 경우가 많았다. 반면 육아 초기부터 비싼 전집을 몇 질씩 들여놓으면 '본전 뽑고' 싶은 생각에 과제처럼 그림책을 읽어주기 쉽다. 당신이 너무나 현명해 비싼 전집을 들이고도 느긋하게 여유를 부린다면 모를까, 대부분은 이 비싼 책으로 아이의 인지 발달을 끌어올리기 위해 안달이 난다.

Q 그림책의 적정 연령은 글줄이 기준일까?

돌에 읽는 그림책에는 한 페이지에 한두 줄, 서너 살에 읽는 그림책에는 한 페이지에 서너 줄의 글줄이 들어간다. 아무래도 서너 살까지는 배경지식이나 이해 수준에 한계가 있어 간단한 이야기를 짧은 글에 담는다. 글의 양이 확 늘어나는 시기는 대략 5세부터다.

하지만 글의 양만 따져 적정 연령을 결정짓기엔 한계가 있다. 글줄이 아예 없거나 한두 줄에 불과하지만 6~7세에 읽을 만한 책들도 꽤 많아서다. 경험상 글의 양보다는 아이의 성장 발달과 맞지 않는 주제나 추상적인 개념, 어려운 배경지식이 나오는지 살피는 편이 낫다. 가령 서너 살용 그림책에 북극의 얼음이 녹는다는 환경 문제가 등장하면 아이는 이야기 자체를 이해하지 못한다. 배경지식이 집과 동네에 머물러 있어 '세계'라는 개념을 모르는데다 지구가 뜨거워져서 얼음이 녹는다는 논리적 사고가 불가능하기 때문이다.

Q 그림책을 읽어줄 때 개작해도 될까?

글자를 모르는 아이라도 귀는 상당히 민감하기 때문에 정제된 문장을 들려주는 편이 좋다. 적어도 그림책에 쓰인 문장은 작가가 쓰고 편집자가 다듬어서 완성한 결과물이기 때문에 당연히 즉흥적인 개작 수준은 넘어선다. 가장 좋은 방법은 그림책의 문장을 먼저 읽어주고 여기에 자유롭게 수다를 덧붙이는 식이다. '애벌레가 꾸물꾸물 기어갑니다'라는 문장을 읽어주고 "애벌레 색깔이 초록색이야, 어디로 가는 걸까?"라고 이야기를 덧댄다.

미리 말하자면 개작에 대한 고민은 아이가 두 돌만 넘어도 싹 사라진다. 수다를 덧붙이는 작업은 계속해서 유효하나 글의 양이 확 늘어나 이것만 읽어주기도 바쁘다. 5세를 넘기면? 어휴, 그림책 한 권 읽는 데 20분이 걸리기도 한다.

Q 중간에 그만 읽어도 될까?

당연히 된다. 첫 줄만 읽다가 책장을 덮는다고 해서 무슨 문제가 있겠는가. 아직 아이에게 그림책은 딱 장난감 같은 존재다. 장난감을 갖고 놀다가 던져버리듯 그림책도 마음 내킬 때 보면 그만이다. 아이가 어리면 어릴수록 '그림책을 어떻게 읽어야 한다'는 기준은 없다. 수박이 나오는 책이라면 이야기를 읽다가 수박을 그려도 좋고 수박을 맛있게 먹어도 괜찮다. 그림책에 대한 긍정적인 기억을 쌓을 수만 있다면.

Q 읽기 마무리는 어떻게 할까?

가장 간단한 방법은 "끝!"이라고 말하며 이야기에 마침표를 찍는 것. 이것만으로는 왠지 심심하다면 다음과 같은 행위를 추가하거나 응용한다.

① 표지에 있는 제목을 다시 짚어준다

이야기를 읽고 나면 왜 작가가 제목을 이렇게 붙였는지 이해가 간다. 책에 대한 부가적인 설명을 덧대어도 좋다. 내지의 작가 소개란에는 이 책을 왜 만들었는지, 어디에서 모티브를 얻었는지 등이 적혀 있다. 국적이 다른 연인이 서로 말이 통하지 않아 그림으로 소통하다가 탄생한 안네트 티종과 탈루스 테일러의 '바바파파'처럼 말이다.

② 책의 앞뒤표지를 쫙 펼쳐서 보여준다

최근에 나온 책일수록 앞표지와 뒤표지가 연결되어 하나의 그림이 완성되는 경우가 많다. 에릭 바튀의 『다 먹어버릴 테다!』처럼 앞표지만 보면 A인데 뒤표지까지 쫙 펼쳐서 보면 B를 의미하는 경우다. 책을 다 읽고 나면 B의 의미를 알 수 있다.

③ 처음부터 끝까지 책장을 넘기면서 그림만 보여준다

유치원 선생님이 수업 시간에 그림책을 읽어준 다음 독후 활동으로 자주 사용하는 방법이다. 책을 다 읽은 뒤 처음부터 끝까지 책장을 넘기며 그림만 보여주는 것. 한 장, 한 장 천천히! 아이는 오로지 그림을 통해 어떤 내용이었는지 머릿속에 이야기를 다시 떠올린다.

Q 하루에 책을 얼마나 읽어줄까?

아이가 어릴수록 사소한 질문에서 마음이 턱 걸린다. '남들은 그림책을 얼마나 읽어주나?', '하루에 몇 권이나 읽어줘야 할까?' 애초에 뾰족한 모범 답안이 없다는 걸 알면서도 대한민국의 엄마들은 평균치에 집착한다. 일찍이 짐 트렐리즈Jim Trelease는 『하루

『15분 책읽어주기의 힘』을 통해 하루에 15분씩 읽어주면 좋다고 말했다. 하지만 대한민국에서는 '최소한'이라는 수식어가 앞에 붙어야 할 듯하다. 어떤 엄마는 매일 3권을 읽어주지만 또 다른 엄마는 밤을 새워서 읽어주니까.

책 읽기는 권수로 따지기엔 좀 애매한 구석이 있다. 책을 읽으며 부모와 아이가 수다를 얼마나 덧댈지에 따라서 책 읽는 시간이 치즈 크러스트 피자처럼 쭉 늘어나기 때문이다. 책을 통해 이야기를 확장한다면 하루에 한두 권만 '깊게' 읽어도 충분하다. 물론 하루에 '몇 권'이 아니라 365일 '매일' 읽어주는 습관이 훨씬 중요하다.

Q 책 보기에 좋은 자세는 무엇일까?

아이가 돌쟁이라면 마주 보기가 좋다. 아이가 책을 보면서 엄마의 표정이나 손짓을 추가로 감상할 수 있기 때문이다. 당신이 성나거나 웃긴 고양이 같은 표정을 지으면 아이는 놀란 얼굴을 하다 까르르 넘어갈 것이다. 물론 가장 보편적인 자세는 무릎에 앉혀서 읽어주다. 아이를 품에 안 듯 무릎에 앉히면 서로의 살이 닿아서 스킨십이 가능한데다 엄마의 말소리가 아이의 귀에 최단거리로 도착하는 효과까지 있다. 부모나 아이에게 가장 안정적인 자세다. 유아기를 가리켜 흔히 '무릎 학교'라고 부르는 까닭이다. 아이가 너덧 살을 넘기면? 무릎에 앉히고 싶어도 무거워서 포기하는 엄마들이 생긴다. 다리에 피가 안 통해서 저렸던 경험이 있다면 이제 아이와 나란히 앉을 만한 공간을 찾아야 한다. 안락하고 편안한 느낌의 소파처럼. 이때쯤 엄마들이 아이의 독서 습관을 위해 1인용 의자를 사주기도 한다.

Q 그림책, 살까? 빌릴까?

아이가 어릴수록 책은 빌리는 것보다 사는 편이 낫다. 현실을 접하면 더욱 고개가 끄떡여진다. 도서관에서 영유아책을 한번 살펴보시라. 팝업북 주인공의 수족은 죄다 떨어져 있고 이유식인지 코딱지인지 모를 것이 그림책에 묻어 있다. 영유아책은 다들 '나 좀 만지고 느껴주세요' 하며 유혹하는 책들인지라 애초부터 망가지기에 좋은 운명을 타고났다. 게다가 독감과 같은 유행병이라도 돌면 왠지 도서관에서 책 빌리기가 꺼림칙해진다. 지금은 아이가 그림책을 반복해서 보는 시기. 한번 사면 꽤 자주 보니 본전 아까운 생각이 들지 않는다. (도서관에 가더라도) 아이가 '내 책'이라는 만족감이 들도록 사주는 편이 좋다.

Q 그림책 육아, 돈이 많이 들지 않을까?

유명 출판사에서 내놓는 최신 전집 위주로 책장을 채운다면 당연히 비싸게 느껴진다. 아무리 권수가 많다고 해도 한번에 40~60만 원을 결제하기란 영 부담스럽다. 다행히도 최근 책육아가 인기를 끌면서 시중에 책이 넘치고 또 넘친다. 20년 전에 출간된 책부터 최근에 출간된 책까지, 새 책부터 중고책까지 선택의 폭이 넓다. 아이가 어려서 새 책을 산다고 해도 권당 7~8천 원이면 거뜬한데다 아이가 서너 살이 되어 전집이나 시리즈물을 산다면 권당 1~3천 원짜리 중고 상품이 꽤 많다. 심지어 권당 500원짜리 책도 있다. 대형 마트에 가서 먹을 것 좀 담으면 10만 원이 후딱 사라지는 요즘 시대에 그림책은 절대 비싼 편이 아니다. 가장 싸고 만만한 육아다.

본격적인 그림책 육아에 들어선 당신.
책 식욕이 강한 아이에게 어떤 책을 읽어줄지,
단행본과 전집 중 무엇을 선택할지,
옆집에서 말하는 스테디셀러 전집은 무엇인지 알아보는 그림책 실용 편.

3~4세

웰컴!
책육아
공화국

★

늦은 밤, 나는 아이를 재우고 습관처럼 육아 정보를 검색하던 참이었다. 흥미로운 게시물 발견. 제목, 우리 아이 책장을 공개합니다! 아이가 세 살이라는 '그 집' 책장에는 공룡책, 지식책, 자연관찰, 창작동화, 영어동화, 수학동화, 과학동화, 성장동화가 심지어 몇 질씩 빼곡하게 채워져 있었고, 다른 한쪽에는 가베, 블록놀이, 모래놀이, 물감놀이, 맥포머스, 자석칠판 등이 가지런히 정리되어 있었다(순간 가정집이 아니라 어린이집인 줄 착각했다). 화룡점정은 게시물의 마지막을 장식한 주인공 부모의 한마디였다. "혹시 부족한 책은 없을까요?"

나는 정신적 충격에 침을 꿀꺽 삼켰다. 책과 교구를 산처럼 쌓아놓고 도대체 뭐가 부족하다는 걸까(혹시 '넘쳐나다'라는 단어를 '부족하다'로 잘못 쓴 건 아닐까). 시선을 아래로 옮기자 줄줄이 달린 꽤 많은 댓글은 두 방향으로 갈렸다. 하나는 화려한 교육 환경 구축에 대한 찬사였고 다른 하나는 자책이었다. "정말 대단하세요, 한 수 배워야겠네요." 아니면 "게으른 엄마를 둔 우리 아이가 너무 불쌍하네요." 나는 임을 위한 찬양에 나설지 아니면 반성문 시리즈에 합류할지 고민하다 슬그머니 게시물을 빠져나왔다.

대한민국 엄마들에게 가장 무서운 참고 서적은 프랑스 엄마도, 스웨덴의 교육 정책도 아니다. 결국 '옆집 책장' 혹은 '누구맘의 SNS'이다. 엄마들이 정신없이 육아를 하다가 세상으로 눈을 돌리면 시야에 걸리는 장면이라곤 '아이의 인지 발달을 어떻게 끌어올릴까'에 도전장을 내민 다른 엄마들의 교육 행렬이다. 순진하게만 보이는 그림책도 예외는 아니다. 유아기의 그림책 읽기란 두 돌만 넘겨도 더 이상 개인의 즐거움이 아니라 공식적인 학습에 가깝다. 최대한 일찍부터 영역별 책들을 사들여 책장을 가득 채우고 하루에 10권, 20권 읽기를 목표로 삼는다.

나름 뚝심 있는 엄마인 나는 어떻게 했냐고? 슬그머니 의자를 앞으로 끌어당기고 인터넷에 시선을 집중한 채 그들이 읽힌다는 전집을 검색창에 꾹꾹 눌러댔다. 그랬다. 충격적인 검색 사건 이후 나는 아이를 재우고 나면 새벽까지 인터넷 세상에서 세 가지 행위를 반복했다. 아이에게 읽힐 만한 전집을 검색하고, 사고, (별로 다 싶으면) 다시 팔았다.

세상에나, 대한민국에 이토록 많은 전집이 존재하는지 예전에는 상상조차 못했다. '전집 검색하느라 육아의 반이 다 갔다'는 누군가의 농담이 고고학자의 그럴 듯한 논문 발표처럼 여겨졌다. 가끔 새벽에 일어난 남편은 다크서클이 목까지 하강한 채 열심히 검색하는 내 뒷모습을 보고 기겁을 했으나 나는 외려 천연덕스럽고 당당하게 말했다. "건드리지 마! 지금 대한민국의 교육 자료를 조사하는 중이니까!"

내가 전집 세상에 발을 들이면서 우리 집에는 약간의 변화가 생겼다. 주기적으로 택배 아저씨가 초인종을 눌러댔고 잠시 뒤 무거운 박스를 툭툭 내려놓았다. 다행인지 불행인지 아이도 엄마의 교육적 행동에 영향을 받기 시작했다. 이제 아이는 심심하면 '역할놀이 택배 편'을 연출하곤 했다. 주인공 택배 아저씨를 맡았는지 내게 다가와 이렇게 말했다. "엄마, 책 왔어요!"

지금부터
본격적인
읽기 저축기

두 돌의 징후는 아이의 꼬물거리는 두 손에서 비롯된다. 이제 아이는 두꺼운 보드북이 아니라 양장본의 얇은 종이를 한 장씩 넘기며 책 읽는 티를 낸다. 이야기 자체에 집중하는 능력도 제법 늘어난다. 집이나 산책길에서 봤던 녀석들이 그림책에 나오니 '이게 무슨 이야기지?' 싶어서 귀를 쫑긋거린다. 여전히 그림책으로 집도 짓고 터널도 만들지만 '이야기가 주는 재미'에 더 관심을 보인다. 어디 이뿐일까?

입말이 폭발한다

"엄마, 우유!", "밥 주세요!" 두 돌이면 아이는 키워준 은공에 보답하듯 부모에게 '말하기 기적'을 보여준다. 단어 두 개를 이리저리 조합하면서 다양한 표현을 한다. 부모들이 오매불망 희망하는 언어 폭발도 이때쯤 경험한다. '언어 폭발'이란 아이가 사용하는 단어 수가 급격하게 늘어나는 시기를 말한다. 과학자마다 기준으로 삼는 단어 수는 조금씩 달라도 대개 두 돌이 시작점이다. 세 돌이 되면? 기본 문장에 조사와 부사가 더해지면서 어른과도 꽤 자연스러운 대화가 가능하다. 이제 부모는 더 이상 머릿속으로 아이의 엉성한 문장을 재구성할 필요가 없다. 요맘때 그림책을 통해 다양한 문장을 많이 들려주면 아이의 입말은 더욱 풍성해지고, 풍부해진 입말은 다시 아이가 이야기에 빠지는 데 탄탄한 디딤돌이 된다.

부모의 책 읽기를 흉내 낸다

아이를 낳으면서 지겹게 들었던 말, "엄마 아빠가 먼저 책을 읽으세요"라는 얘기를 실천하기에 가장 좋을 때다. 유아기 내내 아이들은 전지전능해 보이는 부모의 행동을 동경하고 따라 한다. 엄마 아빠만이 아니고 나중에는 동네 형이나 언니를 절대적으로 신뢰하고 따라다닌다(그래서 아이들이 형이 욕하고 게임하는 걸 귀신같이 따라 한다지). 가장 이상적인 모습이란 아이가 집 안을 탐색하다 책을 읽으면서 씩 웃는 부모를 발견하는 것. 아이 머릿속에는 '책이란 좋은 거구나', '뭔가 재미있는 거구나', '나도 한번 읽어봐야겠다'와 같은 긍정적인 사고가 쌓인다. 지금은 너무 바쁘니까 본보기 육아는 나중으로 미루고 싶다고? 선택이야 자유지만 유치원에 들어가면 아이들의 '눈치 센서'가 더욱 정밀해져 본보기 육아가 더 힘들어진다.

물리적인 시간이 많다

서너 살 아이들은 자아나 독립심이 강해지기는 해도 여전히 부모의 절대적인 영향권에서 산다. 야외놀이를 즐기긴 하지만 집에서 보내는 시간이 더 많고 친구와 어울리나 원만한 놀이가 되지 않는다. 사교육을 한다고 해도 기껏해야 20~40분이니 하루에 남아도는 여유 시간이 많다. 즉, 부모와 보내는 시간이 많다 보니 적당히 환경만 조성해주면 아이가 책에 쉽게 빠진다. 그 '환경'이란 자극적인 영상 대신 재미있는 그림책을 풍성하게 보여주는 것. 막상 유치원에 들어가면 하루 일정이 바빠지는데다 주변에 자극적인 재미가 수두룩해서 책 읽기란 주말 놀이공원의 바이킹 줄 마냥 멀게만 느껴진다.

선배 엄마들에게 탐문한 결과, 유아기 동안 아이들이 그림책을 가장 많이 보는 시기는 두 돌부터 유치원에 들어가기 전까지였다 (아이의 성장 전반에서 본다면 유아기와 초등 저학년이지만). "아이가 언제 책을 많이 읽었나요?"라고 물으면 주변 엄마들은 마치 달콤한 푸딩을 한입 베어 문 듯 말했다. "아이랑 하루에 3시간도 더 책을 봤어요.", "아이 혼자서 (그림만 보면서) 20권을 보더라구요!", "산책하고 책 읽고 밥 먹고 책 읽고 그렇게 하루를 보냈지요."

우리 집도 별다르지 않았다. 하루에 딱히 정해진 일과가 없다 보니 먹고 씻고 산책하는 시간을 제외하면 자주 그림책을 봤다. 더 이상 그림책이 낯설지도 않았다. 글이 달랑 한 줄뿐인 그림책을 대할 때의 막막함도 사라졌고 대충 어떻게 읽어줘야 할지도 감이 잡혔다. 게다가 그림책의 글줄이 제법 늘어나 읽어줄 맛도 났다 (더 이상 입에서 쉰내 나게 사과가 쿵, 떨어지는 이야기를 반복하지 않아도 되었다).

그렇다! 지금 당신과 아이는 유아 독서 저축기에 막 발을 내밀었다는 얘기다. 그림책을 읽을 시간도 많고 아이가 이야기를 흡수할 여력도 있으니 마음껏 그림책을 즐기시라. 이때 매일매일 아이가 좋아하는 책을 풍성하게 읽어주면 주변 자극이 강해지는 유치원에 들어가서도 책 읽기를 지속할 가능성이 높다.

아이들이 홀딱 빠지는 이야기

요맘때 아이는 세 가지 특징을 보인다.

① 자기중심적 사고를 한다.
② (어설프기는 해도) 친구랑 어울려 논다.
③ 지적 호기심을 보인다.

아이는 공원이나 놀이터에 진출하면서 다양한 경험을 하고 또래를 만나지만 아직은 자기 생각에 빠져 고집을 부리거나 떼를 쓰기 쉽다. 이를 증명하듯 요맘때 엄마들은 귀에 딱지가 생길 만큼 "내가!", "싫어!", "저리 가"와 같은 부정적인 말들을 듣는다. 너무 부정적이지 않느냐고? 웬걸, 자아가 생기면서 엄마로부터 분리되어 스스로 무엇인가 해보겠노라 독립 선언을 하는 과정이다(이제까지야 세상 물정도 모르겠고 자기 의견도 또렷이 말할 수 없으니 엄마가 하라는 대로 따랐을 뿐이다).

그림책에 관해서라면 ③번, 세상에 대한 호기심이 가장 두드러진다. 간단한 이야기책부터 기본 개념이 담긴 지식책까지 다양한 그림책에 관심을 보이는데, 특히 "왜?"라는 말을 혀끝에 달고 다니며 부모에게 시간 차 질문을 쏟아낸다. 유독 흥미를 보이는 주제도 나온다. 시작은 우웩, 똥이다.

똥책, 방귀책

아이가 24개월 남짓이 되면 집집마다 배변 훈련을 시작한다. 아이들 입장에서 보면 아무 때나 싸던 습관을 버리고 똥꼬에 힘을 줘야 하니 당연히 자신의 몸과 배변 과정, 그리고 똥에 관심을 보일 수밖에 없다. 이때 그림책을 통해 '똥 싸기란 매우 자연스럽고 재미있는 것'이라고 알려주면 좋다.

하기야 아이들은 유아기 내내 똥, 방귀, 코딱지, 뽕, 쉬, 뿡 이런 단어가 나오면 전후 사정 없이 까르르 넘어간다. 특히 똥과 방귀 세트에 홀딱 빠진다. 아이들이 똥에 환호하는 이유를 생각해보면, ① 자신의 몸에서 똥이 나오는 체험 자체가 신비롭다(심지어 냄새까지 세트 구성). ② 개똥이 아이들 시선에 딱 맞는 땅바닥에 있어 언제든 관찰이 가능하다. ③ 똥에는 항상 똥파리가 찬조 출연해서 상황을 더욱 버라이어티하게 만든다. 아이들이 흥미를 보이는 건 너무나 당연하다!

『응가하자, 끙끙』
최민오
보림

책장을 넘기면 염소, 병아리, 하마 등 다양한 동물들이 나와 얼굴에 힘을 주면서 똥을 누다 마지막에 아이가 등장한다. 책장을 넘길 때마다 '응가하자, 끙끙', '나왔다, 야호!' 문장이 반복되면서 똥 누는 대상을 응원한다. 똥 누는 아이와 동물들의 표정이 익살스럽다.

『똥이 풍덩!』
알로나 프랑켈
(주)비룡소

배변 훈련에 나선 엄마들이 유독 좋아하는 책. 아이에게 억지로 똥 누기를 가르치는 대신 남자아이와 여자아이의 신체 차이에 대해 알려주고 재미있게 배변 훈련을 하도록 도와준다. 남아용, 여아용이 구분되어 나오는 것도 참신하다.

『너도 멋진 똥을 누고 싶지?』
클라우스 케자르 체러 글
필립 태거르트 그림
살림어린이

세상에서 가장 멋진 똥을 누는 '똥코끼리'가 갖가지 문제를 '똥'으로 척척 해결하는 이야기. 가령 바닷가에서 모래성을 쌓는 아이에게 슬쩍 다가가 모래성보다 더 커다랗고 멋있는 '똥모래성'을 순식간에 만들어준다. 배변 훈련에 돌입한 아이에게 읽어주면 똥을 척척 싸고 싶은 기분이 들게 한다.

『커다란 방귀』
강경수
시공주니어

커다란 덩치의 파란색 코끼리가 방귀를 뀔 때마다 초원의 동물들을 저 멀리 날려 보낸다는 이야기. 아이들에게 흥미로운 주제인 '방귀'를 재미있게 풀어냈다. 방귀를 참는 코끼리와 방귀 냄새를 맡은 동물들의 표정이 익살맞다.

누가 내 머리에 똥 쌌어?

『누가 내 머리에
똥 쌌어?』
베르너 홀츠바르트 글
볼프 예를브루흐 그림
사계절

두더지가 자신의 머리에 똥 싼 범인을 찾아가는 탐문 과정을 담았다. 흥미로운 이야기에 각 동물들의 배설물에 대한 지식까지 잘 버무려 세계적인 인기를 누렸다. 그림책 업계에 '똥 붐'을 일으킨 주인공이다.

자아독립책

'자아 인식Self-awareness'에 대한 가장 유명한 실험은 발달 심리학자 마이클 루이스Michael Lewis와 쟌 브룩스건Jeanne BrooksGunn의 '거울 루즈 검사'이다. 9~24개월 아이 코에 빨간 루즈를 묻히고 거울을 보여줬더니 15개월이 지나지 않은 아이들은 거울 속의 자기 모습에 관심이 없었지만 18~24개월 아이들은 대부분 자신의 코를 만지는 반응을 보였다. 즉, 두 돌이 되면 아이는 주변의 사람이나 물체 등으로부터 자신을 구별할 수 있다. 자아 인식을 통해 아이는 두 가지를 깨닫는다.

① 나는 독립된 존재구나.

② 세상에는 내 물건이 있구나("내 거야!"라는 말이 아이들 입에서 술술 쏟아지는 이유다).

요맘때 읽는 그림책에는 긍정적인 자아를 강조하거나 독립심을 키워주는 이야기가 많이 담겨져 있다. '나는 있는 그대로 멋져', '나는 소중한 존재야', '나 혼자서 할 수 있어' 등이 주요 주제다. 특히 독립심을 키워주는 심부름책은 세상의 모든 아이들이 한 번씩은 읽고 넘어가는 고전적인 이야기다.

『괜찮아』
최숙희
웅진주니어

두 갈래로 머리를 묶은 사랑스런 여자아이가 나오는 초긍정 자아 책. 몸집이 작은 개미, 다리가 없는 뱀 등 뭔가 부족한 동물들이 계속 나오지만 여자아이는 책 제목처럼 당당하게 외친다. "괜찮아!"

『내가 좋아하는 것』
앤서니 브라운
책그릇

아이는 자기가 좋아하는 것을 통해 '나'를 인식한다. 주인공이 좋아하는 것들을 보면서 아이 스스로 '내가 무엇을 좋아하지?'라고 생각해볼 수 있다. 중간중간 부모가 "넌 뭘 좋아해?"라고 물어서 아이가 스스로 생각하게 하면 좋다.

『빨강이 어때서』
사토 신 글
니시무라 도시오 그림
내인생의책

하얀 엄마 고양이와 까만 아빠 고양이 사이에서 주인공인 빨강이가 태어난다. 엄마와 아빠는 하얗거나 까맣지 않은 새끼의 모습에 깜짝 놀라고 걱정을 늘어놓는다. 가족에게 상처받은 빨강이는 길을 떠나고 파랑이를 만나 새끼를 낳는다. 그 새끼들은 무슨 색깔이냐고? 궁금하면 책을 보시길.

『할머니 집 가는 길』
마거릿 와이즈 브라운 글
하야시 아키코 그림
북뱅크

전화 한 통을 받고 할머니 집을 찾아가는 아이의 여정을 담았다. 길을 걸으며 들꽃과 나비, 산딸기와 개울을 만나고 할머니 집에 도착하기까지가 흥미롭게 펼쳐진다. 서너 살 아이에게 읽어주면 긴장감에 눈을 떼지 못한다.

『은지와 푹신이』
하야시 아키코
한림출판사

낯선 곳으로 떠나는 이야기는 독립심이 커가는 시기에 읽으면 좋다. 사랑하는 인형과 낯선 할머니 집을 찾아가는 은지와 푹신이의 이야기는 아이들에겐 대모험에 가깝다. 중간중간 어려움을 겪을 때마다 가슴이 철렁 내려앉기도 하고 개가 인형을 물어 갔을 때는 부모도 눈물이 난다.

바른생활책

두 돌을 넘기면 '바른' 생활 습관을 위한 책들이 대거 등장한다. 요맘때 아이들의 특징부터가 그렇다. '내 소유물'에 대해 눈을 뜨면서 친구와 놀다가도 "이건 내 거야!", "만지지 마!" 버럭버럭 소리를 질러댄다. 고작 엘리베이터 버튼을 엄마가 먼저 눌렀다며 울고불고 난리를 치지 않나 어린이집에서 장난감 빼앗느라 친구 얼굴에 생채기를 내기도 한다. 놀이터에 본격적으로 진출하면서 무엇이든 만지고 입에 넣으니 온갖 유행병에 걸리기도 쉽다. 바야흐로 사회적 규범과 생활 습관을 배워야 할 시기인 것이다.

유아기의 바른 생활이란 손 씻기, 이 닦기, 물건 정리하기, 인사하기, 친구랑 잘 놀기 등이다. 그냥 말하면 잘 듣지 않으니 약간의 엄포도 끼워넣는다. 이 닦기 그림책이라면 '열심히 이 닦으세요!'

에서 그치지 않는다. 이가 시커멓게 썩어서 고생하는 아이가 나오거나 뿔 달린 충치 세균이 삼지창을 들고 무섭게 등장한다. 다행히도 아이들은 책에 쓰인 내용을 무조건 믿고 따르는 경향이 있어서 엄마의 백 마디 잔소리보다 효과가 좋다. 고집 센 아이도 뽀로로가 "손 씻자, 친구야!"라고 말하면 군말 없이 화장실에 가는 것처럼 그림책에 뿔 달린 세균이 등장하면 아이들은 얼른 '치카치카'를 한다.

『악어도 깜짝, 치과 의사도 깜짝!』
고미 타로
(주)비룡소

이빨 썩은 악어가 치과 의사를 찾아온다. 이렇게 무서운 악어의 이빨을 치료해야 하다니! 무서운 건 악어도 마찬가지다. 세상에서 치과가 제일 싫으니까! 둘 다 서로를 무서워하면서 겨우 치료를 끝낸다는 이야기. 뿔 달린 세균 하나 등장하지 않지만 읽고 나면 '이를 잘 닦아야겠다'라는 생각이 든다.

『안 돼, 데이빗!』
데이빗 섀논
지경사

정신없이 장난을 치는 아이와 생활 습관을 바로잡는다며 "안 돼"를 무섭게 외치는 엄마의 모습이 우리나라의 실정과도 딱 맞아떨어진다(작가의 어린 시절 이야기를 그대로 담은 것이라고). 사고뭉치 주인공의 행동을 통해 아이들은 심리적 쾌감을 느끼는 동시에 생활 규범을 배운다. 주인공 아이의 표정이 일품.

『울지 말고 말하렴』
이찬규 글 최나미 그림
애플비

딱 요맘때 징징대며 떼를 부리는 아이들에게 부모가 무던히도 자주 하는 말이 제목이다. 줄거리가 다소 직설적이긴 하나 생활 습관을 바로잡을 때 읽어볼 만하다. 부모들의 열화와 같은 필요성에 의해서 인기를 얻은 그림책.

『난 토마토 절대 안 먹어』
로렌 차일드
국민서관

편식하는 아이가 있는 집에서 유독 인기인 책. 채소를 싫어하는 아이에게 읽어주면 감정 이입하면서 잘 본다. 장면마다 반복되는 '절대 안 먹어'라는 문구에서 아이들이 심리적 쾌감을 느끼는 듯하다.

난 토마토 절대 안

『인사는 쑥스러워』
윤지연 글 유준재 그림
시공주니어

아이들은 인사하기를 꽤나 쑥스러워한다. 쭈뼛거리거나 엄마 뒤에 숨기도 한다. 이때 아이의 마음을 공감해주면서 읽어주면 좋은 책이다. 아이들은 인사만 잘해도 사랑받는 법, 서너 살부터 습관화하면 좋다.

상상자극책

지금은 아이들의 상상력이 빛을 발하는 시기다. 다 이유가 있다. 바닥에 굴러다니는 돌맹이부터 하늘에 떠 있는 해님까지 세상 만물이 자기처럼 살아 있다고 믿는 물활론Animism이 강하기 때문이다. 요맘때 아이들이 해님이나 곤충에 죄다 눈, 코, 입을 그려대거나 아이가 걷다 넘어지면 엄마가 땅바닥을 때리면서 "때찌! 엄마가 혼내줄게!"라는 대화가 태연스럽게 오가는 이유다.

상징적 표상(한 사물을 다른 사물로 대체해 생각하는 것)이 가능해지면서 상상놀이도 잦아진다. 베개를 아기처럼 업고 엄마놀이를 하거나 나무 막대기로 총놀이를 하는 등 모든 행위에 상상력을 덧댄다. 요맘때 아이들은 막대기 하나만 있어도 무슨 놀이든 할 수 있다.

물활론과 상징적 표상 덕분에 아이들은 그림책을 볼 때도 그냥 보지 않는다. '풍덩' 빠져서 본다. 아이의 꿈틀대는 상상력이 평면의 일차원 그림을 3D 입체 화면으로 전환시켜주는 것. 당연히 상상 주머니를 키워주는 그림책을 풍성하게 읽어야 한다.

『이건 상자가 아니야』
앙트아네트 포티스
베틀북

표지의 토끼는 평범한 상자를 가지고 있다. 하지만 상상력이 넘치는 토끼에게 이 상자는 보통 상자가 아니다. 상자 안에 들어가면 자동차가 되고 위에 올라가면 산꼭대기가 된다. 평범한 집 안 물건을 재미있는 장난감으로 둔갑시키는 아이들의 상상력을 잘 담아냈다.

『오리야? 토끼야?』
에이미 크루즈 로젠탈 글
탐 리히텐헬드 그림
아이맘

얼핏 보면 책 속 주인공은 오리 같기도 하고 토끼 같기도 하다. 두 동물의 신체 특징을 짚어가면서 알쏭달쏭 정체를 찾아가는 과정 자체가 재미있다. 책을 읽고 나서 아이와 '왜 오리(토끼)라고 생각하는지' 얘기하기도 좋다.

『마술 연필을 가진 꼬마곰의 모험』
앤서니 브라운
현북스

산책을 나온 꼬마곰은 사나운 늑대를 만나도, 무서운 마녀를 만나도 걱정할 필요가 없다. 무엇이든 그리면 진짜가 되는 마술 연필이 있으니까. 책장을 넘길 때마다 꼬마곰이 무엇을 그려서 위기를 벗어날지 아이와 재미있게 상상의 날개를 펼 수 있다.

『구름빵』
백희나
한솔수북

구름을 밀가루처럼 반죽해서 빵을 만들어 먹었더니 하늘을 떠다니게 되었다는 이야기가 들어 있다. 그림책이 인기를 얻으면서 애니메이션 시리즈로, 주인공 홍시와 홍비가 캐릭터 상품으로 제작되었다. 빵집에서 모닝빵을 구름빵이라고 우기며 행복하게 먹는 아이들이 꽤 많다.

『아빠, 달님을 따 주세요』
에릭 칼
더큰

에릭 칼의 스테디셀러. 아이라면 한 번쯤 가질 법한 '달 따기' 소원을 그림책 속에서 아빠가 이뤄주는 과정이 재미있다. 긴 사다리를 표현하기 위해 접힌 페이지가 양쪽으로 펼쳐지거나 위로 기다랗게 이어지는 구성이 참신하다. 달이 차고 기우는 개념까지 이야기에 흥미롭게 덧대었다.

몇 권에 집착하는 아이를 위한 처방전

서너 살, 아이의 취향이 강해질수록 걱정하는 엄마들이 덩달아 많아진다. "왜 아이가 같은 책에 집착하는 걸까?", "100권 중에서 고작 5권만 읽는 이유가 뭐야?", "창작만 좋아해요, 이거 편독 맞죠?" 결론부터 말하자면 아이들은 두 돌부터 네 돌 사이 혹은 이후에도 쭉 자신이 좋아하는 책에 집착한다. 몇몇 집만의 특이한 상황이 아니라 앞집 옆집 뒷집 다 비슷하다. 도대체 이유가 뭐냐고? 두 가지 얘기가 설득력을 얻는다.

애초에 심각하고 별스런 이유란 없다. 아이는 책에 나오는 이야기나 그림을 좋아할 뿐이다. 세상이 낯선 아이는 자기가 좋아하는 그림책을 보면서 안정감이나 행복을 느낀다. 강아지가 다양한 동물 친구를 만나다 엄마를 찾는 이야기가 있다고 치자. 어른이 보기엔 싱겁기 짝이 없는 이야기지만 아이는 그 과정과 따뜻한 결말을 반복해서 보며 즐거워한다. 생각해보면 두 돌까지 보는 그림책의 이야기란 대개 이런 흐름이다. 마리 홀 에츠의 『숲 속에서』나 존 버닝햄의 『검피 아저씨의 뱃놀이』처럼 배경이 비슷하게 이어지면서 무엇인가 추가되는 점층적인 서술 방식. 작가가 고리타분하거나 게을러서가 아니다. 예측 가능한 이야기를 통해 아이에게 편안한 마음을 안겨주고 싶어서다.

또 다른 이유. 아이는 '여전히' 그림책을 이해하고 있다. 당신의 아이는 아직 배경지식이 부족한 서너 살에 불과하다. 부모에겐 당연한 이야기도 아이들에겐 온통 낯설고 신기한 법. 어제는 그림책의 꽃을 보았다면 오늘은 나비를 보면서 이야기를 이해하는 중이다. 같은 책을 열 번, 백 번 반복해서 봐도 전혀 지겹지 않다.

나 역시 똑같은 그림책을 자꾸 가져오는 아이에 대해 일종의 경계심을 품은 적이 있었다. 정말이지 첫아이를 키울 때는 매 순간이 진지한 걱정거리처럼 다가오니까. '그렇게' 심각했던 걱정거리는 아이가 다섯 살을 넘기자 싱거울 만큼 자연스럽게 풀렸다('내가 왜 그런 걱정을 했을까?'에 대해 걱정했다). 유치원에 들어가고 어른 말투를 흉내 낼 즈음, 아이는 두 가지 의견을 피력했다.

ⓐ "엄마, 이해가 안 가니까 나중에 설명해줘."
(그림책을 읽다가 어려운 단어가 나오면 무슨 뜻인지 물었고 문맥상 이해가 가지 않으면 다시 설명해달라고 말했다. 이제 아이는 자신이 무엇을 알고 무엇을 모르는지 안다.)

ⓑ "이 책은 시시해!"

(자신이 좋아하는 책 몇 권을 제외하면 똑같은 그림책을 반복해서 보지 않았다. 웬걸! 똑같은 책이 보이면 "이건 벌써 봤잖아!", "이 책은 시시해" 혹은 "다른 건 없어요?"라고 말했다.)

어른들이 아이 머릿속을 DNA 늘어놓듯 분석하기도 어렵고 아이 만 명을 앉혀놓고 대규모 실험을 감행할 수도 없으니 아이가 똑같은 책을 왜 반복해서 보는지 명확한 답을 얻기는 어렵다. 다만 아이가 몇 권의 책을 반복해서 보려고 할 때 부모가 취해야 할 태도만큼은 분명하다.

1. 백 번, 천 번 읽어준다

토 달지 않고 아이가 원하는 만큼 읽어준다. 아이는 자신이 원하는 이야기를 보면서 행복해하니 그것으로 충분하다. 똑같은 책을 읽어주기가 너무 지겨워 모성의 인내심마저 증발된다면 반복 읽기가 가져올 흐뭇한 결과물을 떠올리시라. 예를 들어 똑같은 책을 반복해서 읽어준 엄마들은 한탄인 듯 자랑인 듯 이런 이야기를 늘어놓았다. "아이가 공룡책을 반복해서 보더니 어려운 공룡 이름을 줄줄 외우면서 말하고 다녀요!", "너무 지겨워서 몇 줄 생략하고 읽었더니 무슨 내용이 빠졌다면서 다시 읽어달래요!" 이건 푸념이 아니라 자랑에 가깝다. 야무지지 못한 발음으로 "안, 킬, 로, 사, 우, 루, 스"라고 말하거나 책을 읽다 어떤 문장이 빠졌는지 안다는 건 아이의 인지 발달상 좋은 신호다. 또 누가 알겠는

가. 반복 읽기를 하던 아이가 이런 말로 당신을 기절시킬지. "엄마, 나 이 글자 알아!"

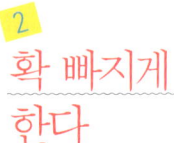
2 확 빠지게 한다

아이가 좋아하는 주제가 있다면 아예 푹 빠지게 한다. 자동차에 빠졌다면 '자동차', '부릉부릉', '굴착기', '버스', '탈것' 등의 단어를 총동원해 다양한 책을 검색한 뒤 공수해서 읽어준다. 자동차가 주인공인 창작동화도 좋고 자동차의 구조를 다룬 지식책도 적당하며 그림이나 사진이 많다면 어른들이 보는 자동차책이나 백과사전도 괜찮다. 아이들은 어떤 주제를 좋아하면 신기하게도 그 책의 난이도 따위는 훌쩍 뛰어넘는다(내용을 다 이해한다는 뜻이 아니라 자기 수준에 맞춰 책을 즐긴다).

부모들은 무조건 다양한 주제의 책을 읽어야 좋다고 생각하지만 아이들은 외려 한 가지 주제에 빠지면서 사고력을 발달시킨다. 남자아이들이 한번쯤 꼭 빠진다는 공룡책을 보자. 이빨과 발톱의 모양에 따라 육식과 초식으로 나뉘는 것, 공룡마다 상대방에게 대적할 신체적 무기가 있다는 것, 거대한 공룡이 멸종한 과정 등을 통해 논리력을 강화시키고 시대적 배경을 이해한다.

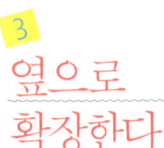
3 옆으로 확장한다

영 마음이 놓이지 않는다면 비슷한 주제의 그림책을 슬쩍 옆에 놓는다. 자동차를 좋아하면 굴착기나 기차, 비행기처럼 '바퀴'라는 공통점이 있는 책을 함께 놓는다. 아이는 분명 비슷한 대상에 관심을 가지고 '이 책은 뭘까?' 궁금해할 것이다. 여력이 돼서 그 주제를 폭넓게 만날 수 있는 박물관이나 전시회에 간다면 가장 이상적이다. 새로운 자극을 받을 수 있도록 말이다. 아이가 무엇에 빠졌다면 걱정하기보다는 더 다양하게 경험하도록 기회를 주는 편이 낫다. 이쯤에서 엄마들의 심각한 걱정거리를 다시 생각해보자.

"저 휘황찬란한 책들 중에서 왜 몇 권만 읽는 거지? 아직 할부도 안 끝났는데 말이야!"

(생활 속에서 연관된 주제가 나올 때마다 관련 책들을 꾸준히 꺼내 읽는다. 그래도 별 관심을 보이지 않는다면 중고 시장에다 읽던 책을 팔고 다른 책을 사시라. 참, '쩍 벌어지는 새 책 수준이에요'라는 말은 잊지 마시길.)

"이거 편독 아닌가요?"

(영역별 책 읽기가 강조되면서 끄떡하면 편독 운운하는 엄마들이 있다. 아이에게 편독 운운할 나이는 아이의 취향이 강해지는 초등학교 고학년부터이며, 영역별 읽기도 빨라야 6~7세에 나오는 말이다. 지금은 좋아하는 책을 충분히 즐기는 것이 훨씬 중요하다.)

달라도
너무 달라!
남아책 vs 여아책

아이를 갓 낳았을 때 대부분의 부모들은 성별의 차이를 크게 고려하지 않는다. 외려 중성적인 모습을 지향한다. '씩씩하지만 섬세한 감정을 가진 남자아이'라거나 '예쁘지만 당차게 공을 차는 여자아이'를 바란다. 하지만 현실적으로 우리 사회는 아이들에게 별다른 선택권을 주지 않는다. 유아용품 매장에 가면 남자아이의 옷은 파란색이고 여자아이의 옷은 분홍색이며 길에서 만난 할머니들은 "자고로 남자란…", "자고로 여자란…" 이야기를 꺼내며 칭찬 혹은 훈계를 던진다.

유아기를 거치면서 아이들은 일찍감치 사회가 원하는 남성성과 여성성에 노출되고 그렇게 자랄 때 구성원으로서 가장 환영받는다는 걸 귀신같이 알아차린다(가령 여자아이는 힘이 셀 때보다 예쁜 옷을 입었을 때 사람들의 관심을 받는다). 기질적 차이인지 사회적 분위기 탓인지는 몰라도 그림책 취향도 아이들의 성별에 따라 양 갈래로 나뉜다.

남자아이의 책

자동차, 기차, 비행기, 로켓, 공룡과 같은 주제에 한껏 빠진다. 창작은 모험, 해적 탐험을 다룬 흥미롭고 동적인 이야기를 좋아하고 지식책이나 백과사전도 곧잘 본다. 여아라면 눈을 질끈 감을 법한, 생생하고 무서운 자연관찰책도 눈 똥그랗게 뜨고 본다.

특히 많은 남자아이들이 크고 힘센 대상이 역동적으로 움직이는 것에 매력을 느낀다. 누구는 자동차파, 누구는 기차파, 또 누구는 공룡파다. 아이가 서너 살 때 대형 마트 장난감 매장에서 만난 어떤 엄마는 아들이 자동차파 소속이라고 말했다. "그 집 아이도 자동차 좋아하죠?" 내 질문이 끝나자마자 그 엄마는 입에 거품을 물고 이야기를 늘어놓았다. "아마, 집에 자동차만 100대는 될 거예요. 다이소나 마트에서 부담 없이 구입한 자동차들이 쌓이고 쌓여서 지금은 집 안 구석 어디에 박혀 있는지도 모르겠어요. 그림책도 자동차가 나오는 창작이나 지식책을 제일 좋아하구요." 잠시 뒤 '자동차를 사랑하는 아이'의 엄마는 의기양양하게 '토미카' 한 대를 손에 쥔 아들과 함께 계산대로 향했다. 우리 집에도 여럿 있는, 아이들 손안에 쏙 들어가는 미니 자동차였다.

인기로 본다면 공룡파 역시 뒤지지 않는다. 아이들은 이미 멸종

우리 아이 첫 공룡 백과

내가 공룡이었을 때

공룡 목욕탕

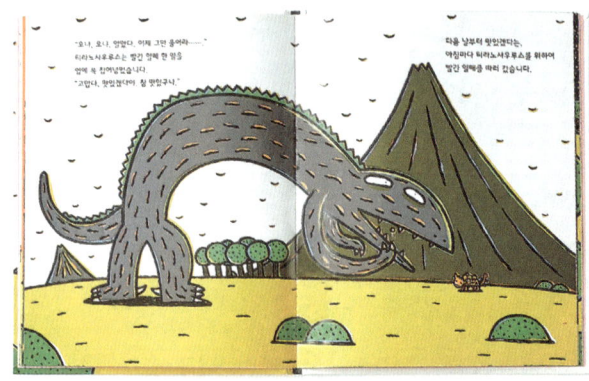

고 녀석 맛있겠다

진짜 진짜 재밌는 자동차그림책

진짜 진짜 재밌는 자동차 그림책

부릉부릉 자동차가 좋아

흑설공주   빨간 자동차의 하루

백설 공주와 일곱 난쟁이

해서 사라진 공룡에 무한 애정을 갖는다. 서너 살 남아를 둔 가정에는 고무로 된 공룡 피규어나 공룡백과 몇 권쯤이 기본적으로 구비되어 있다. 그러다 남자아이들은 유치원에 들어가면서 '변신'과 '합체'가 가능한 막강 로봇에 마음을 빼앗긴다.

아이가 '무엇'을 좋아하면 풍성하게 보여주는 것이 우선이다. 자동차에 빠졌다면 '차'가 등장하는 온갖 그림책을 공수해서 보여주자. 하기야 세계적인 작가 피터 시스가 『소방차가 되었어』라는 그림책을 쓴 이유는 딱 하나였다. 소방차에 푹 빠진 아들에게 더 이상 보여줄 책이 없어서!

자동차책

Searching Tip
자동차는 창작, 지식책, 과학동화에 항상 등장하는 인기 주제. 요맘때 자동차책에 자주 들어가는 단어인 '부릉부릉', '자동차', '탈것', '소방차', '중장비차' 등의 단어를 검색창에 넣을 것!

『부릉부릉 자동차가 좋아』
리처드 스캐리
보물창고

리처드 스캐리의 대표적인 스테디셀러. 돼지 가족이 여행을 떠나면서 이야기가 시작되는데 중간에 호박, 달걀, 바나나, 망치 등 수많은 기상천외한 자동차들을 만난다. 그림 곳곳에 숨어 있는 '노랑이' 찾기도 재미있다. 자동차를 좋아하는 아이에게 '가장 먼저' 추천하는 책이다.

『자동차 박물관』
양승현 글 김미정 그림
초록아이

큼지막한 판형과 두툼한 두께 속에 다양한 자동차가 담겨 있다. 전 세계 유명한 자동차 500여 종이 등장하는데, 우리나라의 최신 자동차들이 많다는 점이 반갑다. 아이가 책을 보다가 "여기, 아빠 차다!"를 외칠지도 모른다. 자동차 단어 카드와 숫자 카드 포함.

『세상에서 가장 행복한 100층 버스』
마이크 스미스
사파리

2층 버스 기사 아저씨가 모험을 떠난다. 새로운 길을 달릴수록 탑승하는 사람은 계속 늘어나고, 버스는 2층에서 3층, 4층… 결국 100층까지 높아진다. 층수가 높아질수록 아이의 호기심도 덩달아 커지는 이야기다.

『부릉부릉 멋진 자동차』
로버트 크라우서
㈜비룡소

자동차 이야기를 다룬 팝업북. 최초의 자동차와 미래의 자동차, 자동차의 생산 과정에서 경주장까지 다양한 모습을 입체적으로 만날 수 있다. 책을 펼치면 툭 튀어나오는 자동차의 모습에 아이의 눈이 휘둥그레진다.

『빨간 자동차의 하루』
장–뤽 프로망탈 글
조엘 졸리베 그림
보림qb

판화로 만든 작품. 빨간 택배차가 도시 곳곳을 돌아다니며 각종 물건을 배달하는 이야기로 도착 장소마다 플랩이 덧대어져 열어 보는 재미가 있다. 택배차의 하루 일정을 따라가면서 아이는 물건의 종류와 배달 순서를 인지한다.

빨간 자동차의 하루

진짜 진짜 재밌는 자동차 그림책

『진짜 진짜 재밌는
자동차 그림책』
리처드 드렛지 글
앤드류 이스턴 일러스트
부즈펌어린이

책 속에 600대 남짓의 세계 자동차들이 등장한다. 100년 넘은 자동차부터 꼬마 자동차, 경주 자동차, 힘센 자동차 등 1900년대 초반부터 지금까지 출시된 자동차를 두루 만날 수 있다. 서너 살에는 그림 위주로 보다가 다섯 살을 넘기면 책에 적힌 내용을 읽어준다.

'타요타요'
편집부
나무와햇살

20권 구성의 자동차 그림책 전집. 캠핑카, 굴착기, 도서관차, 똥차, 자전거 등 책마다 주제별 이야기가 담겨 있다. 엄마의 눈으로 본다면 책 한 권의 함량이 단행본에 비해 부족하기는 하나 자동차를 좋아하는 아이에게 다양한 이야기를 들려주고 싶다면 선택할 만하다.

공룡책

> **Searching Tip**
>
> 공룡을 좋아한다면 아담한 공룡백과 한 권쯤은 기본이다. 공룡의 덩치를 사람 기준으로 쉽게 비교하는 등 공룡의 특징을 시각적으로 표현했다면 어떤 것을 선택해도 좋다. 효리원의 『우리 아이 첫 공룡백과』나 아름다운사람들의 『공부가 되는 공룡 백과』 등 무엇이든 괜찮다.

『어디어디 숨었니? 와글와글 공룡』
안나 밀버른 글
시모나 디미트리 그림
어스본코리아

플랩을 들춰보면서 곳곳에 숨어 있는 공룡을 찾아가는 책이다. 숨바꼭질하듯 공룡을 찾아내는 재미도 쏠쏠하고 그 과정에서 각 공룡의 특징도 인지할 수 있다. 공룡에 대해 호기심을 느낄 때 부담 없이 읽기 좋다.

『공룡 목욕탕』
피터 시스
시공주니어

공룡을 좋아하는 매트가 책의 주인공. 어느 날 공룡 인형을 가지고 욕조에 들어갔다가 물속에 등장한 진짜 공룡들과 한바탕 재미있게 논다는 이야기. 요맘때 한창 발달하는 아이의 상상력에 공룡이라는 주제를 잘 버무렸다.

『당근 먹는 티라노사우루스』
스므리티 프라사담 홀스 글
카테리나 마놀레소 그림
풀과바람

목소리도 크고 몸도 재빠르며 이빨도 튼튼한 티라노사우루스 쿵쾅이. 친구들과 다른 점이 있다면 딱 하나, 고기가 아니라 당근을 먹는다는 것이다. 무서운 공룡을 알록달록 예쁜 그림체로 표현한 데다 쿵쾅이를 앞세워 '서로 달라도 괜찮아요'라고 말해준다. 공룡을 무서워하는 여자아이도 잘 볼 만한 책이다.

고 녀석 맛있겠다

『고 녀석 맛있겠다』
미야니시 타츠야
달리

공룡이 등장하는 창작 중에서 가장 유명한 스테디셀러. 무서운 티라노사우루스가 주인공이지만 내용은 따뜻하고 사랑스럽다. 그림책이 세계적으로 유명해지면서 동일 제목의 애니메이션도 나왔다. 이 책에 푹 빠진 아이들은 '고 녀석 맛있겠다' 시리즈의 다른 책들도 좋아한다.

『내가 공룡이었을 때』
마츠오카 다츠히데
천개의바람

생일 선물로 받은 공룡 옷을 입고 놀이터에 나간 아이가 상상 속 공룡들과 재미있게 시간을 보낸다는 이야기. 특히 익룡을 타고 공룡 세계를 바라보는 장면이 멋지다. 공룡에 대한 흥미를 한껏 끌어올릴 수 있는 책이다.

『공룡』
요주아 도우글라스 글
바바라 반 리넨 그림
사파리

공룡을 다룬 지식책. 공룡 시대에 대한 배경 설명과 다양한 공룡의 특징을 꽤 촘촘히 다룬다. 공룡을 좋아하는 아이가 백과사전을 보기 전에 호기심과 지식을 적절히 충족하기에 좋다. 책 내용을 담은 CD 포함.

『진짜 진짜 재밌는 공룡 그림책』
베로니카 로스 글
브라이트 스타 그림
부즈펌어린이

'진짜 진짜 재밌는' 시리즈 중 하나. 공룡 일러스트가 정말 생생하다. 표지뿐만 아니라 내지에 실린 모든 공룡들의 표정이 다들 '내가 주인공이다'라고 말하는 듯하다. 그림 특성상 남자아이들은 좋아하나 여자아이들은 무서워할 수도 있다.

여자아이의 책

여자아이는 줄거리를 이해하고 주인공의 감정에 공감하는 능력이 확실히 뛰어나다. 슬픈 그림책을 읽다가 눈물을 뚝뚝 흘리거나 아름다운 그림에 시선을 집중하기도 한다. 기본적으로 창작을 좋아하고 이야기 중심인 전래와 명작에 푹 빠진다.

많은 부모들이 "여자아이들은 태생적으로 시각적 감각이 다르다"라고 말한다. 아름다운 그림이나 색깔에 푹 빠지는데, 특히 공주의 예쁜 생김새와 풍성한 드레스를 동경하며 현실에서도 엇비슷한 모습을 흉내 낸다. 분홍에 홀딱 빠지는 아이도 많다.

다섯 살 여아를 둔 한 엄마는 아이가 유독 분홍색에 심취한다고 말했다. "22개월부터 분홍에 빠졌어요. 머리띠와 핀, 원피스와 신발 등 분홍색만 들어가면 죄다 사달라고 졸랐지요. 그림책도 표지에 분홍색이 있어야 좋아했답니다." 그런가 하면 다른 엄마는 아이가 자신을 공주와 동일시한다고 말했다. "36개월부터 공주책만 봤어요. 제목에 공주가 들어가거나 표지에 드레스를 입은 주인공이 있어야 책장을 열었답니다. 책장에는 다양한 공주책과 스티커북과 색칠북이 가득했죠."

여자아이를 둔 엄마들이 명작동화를 빨리 구입하는 이유도 세계의 공주들을 집 안에 어서 모셔오기 위해서다. 최소한 명작동화에는 인어공주와 백설공주, 신데렐라, 엄지공주, 라푼젤 등 고정 멤버가 끼어 있으니까! 단, 모든 공주가 환영받는 것은 아니다. 공주의 모습과 드레스의 모양에 따라 그림책의 성패가 갈린다. 딸 둘을 키우는 한 엄마는 명작동화의 성공 여부에 대해 이렇게 말했다. "표지에 그려진 그림이 밝고 예뻐야 해요. 무엇보다 주인공인 공주가 예쁜지, 드레스는 풍성한지가 중요해요."

물론 아이가 '공주에 빠지는' 과정을 경계하는 부모들도 있다. 그림책 속 공주들이란 다들 서구적인 미모에 왕자의 구원을 기다리는 수동적인 유형. 어렸을 때부터 아이에게 편향적인 사고를 심어줄 수 있어서다. 하지만 막상 유아기를 넘겨보니 부모의 가치관만큼 중요한 것이 아이의 욕구다. 서너 살만 되어도 여자아이들은 예쁜 액세서리 하나에 하루의 기분이 좌우되고 또래끼리 예쁜 드레스를 입고 역할놀이를 하면서 제일 기뻐한다. 산골에서 아이를 키운다면 모를까, 어차피 동네 아이들과 어울려 자란다면 아이의 기분이나 욕구까지 고려해야 한다. 분홍이나 공주에 폭 빠졌다면 일단 관련 그림책을 풍성하게 읽어주다 기존의 공주상을 비트는 책으로 올바른 가치관을 심어줄 수도 있다.

공주책

> 아이들은 서너 살부터 공주에 빠지지만 그림책은 너덧 살부터 읽을 만한 것들이 많다. 우선 그림 위주로 보여주다 나중에 줄거리까지 읽어준다. 기존의 공주상을 비트는 책을 함께 읽어주면 생각의 폭을 넓힐 수 있다.

『핑크 공주』
빅토리아 칸, 엘리자베스 칸
달리

분홍색에 홀딱 빠진 아이가 핑크색 컵케이크를 많이 먹고 잠이 든다. 다음 날 아이는 온몸이 핑크색이 되어버린다. 얼굴과 머리카락, 손과 발, 심지어 흘리는 눈물까지! 결국 의사 선생님에게 '핑크병'을 진단받는다. 여자아이라면 책장을 넘기면서 '내 이야기잖아!'라고 생각할지도 모른다.

『푸른 공주』
게이 채프만
아라미

길을 잃은 푸른 공주가 할머니의 집을 찾아가는 이야기. 분홍 공주도 아니고 푸른 공주라니! 전형적인 공주책은 아니지만 그림체가 아름답고 섬세한데다 집을 찾아가는 모험도 흥미롭다. 마지막에 일종의 반전이 있으니 기대하시길!

『신데렐라』
디즈니 스토리 북 아트 팀
꿈꾸는달팽이

유명한 여섯 공주의 이야기를 담은 '디즈니 프린세스 오리지널 스토리' 시리즈 중 하나. '오리지널 풀 스토리'라는 출판사의 설명을 증명하듯 100페이지가 넘을 만큼 이야기가 상세하다. 글줄이 다소 많지만 예쁜 공주와 아름다운 드레스가 등장해 여자아이들이 좋아한다.

『올리비아는 공주가 싫어』
이안 팔코너
주니어김영사

꼬마 돼지 올리비아가 모든 여자아이의 바람인 '공주 되기'를 거부하며 벌어지는 소동을 담았다. 자기주장이 분명하고 자기 삶의 주인공이 되려는 올리비아의 모습을 통해 기존의 착하고 수동적인 공주상을 비판한다.

『종이 봉지 공주』
로버트 문치 글
마이클 마첸코 그림
(주)비룡소

무시무시한 용이 나타나 공주의 드레스를 홀랑 태우고 결혼할 왕자까지 납치해간다. 길거리에 버려진 종이 봉지를 옷 대신 입고 왕자를 구하러 떠나는 공주. 순종적인 공주의 모습을 확 비트는 이야기가 재미있다.

『흑설공주』
이경혜 글 주리 그림
뜨인돌어린이

백설공주의 딸이지만 검은 피부를 가진 흑설공주가 사람들에게 놀림을 받다 자신의 가치를 찾는 과정을 담았다. 아이들 스스로

흑설공주

'아름다움의 기준이란 무엇인가?'를 생각하도록 도와준다. 백설 공주를 비튼 그림동화.

『백설 공주와 일곱 난쟁이』
그림 형제 글 랜달 자렐 편
낸시 에콤 버거트 그림
㈜비룡소

커다란 판형에 하얀 피부와 늘어진 검은 머리, 어딘가 응시하는 까만 눈동자를 가진 백설공주의 모습이 너무나 매혹적이다. 특히 양쪽 페이지에 걸쳐 그림만 펼쳐지다 책장을 넘기면 이번에는 양쪽 페이지에 글줄이 가득한 독특한 형식을 채용했다. 유아가 읽기에는 버겁지만 이 그림책을 추천하는 이유는 그림이 너무나 아름답기 때문이다. 처음에는 그림 위주로 보여주다 대여섯 살이 되면 글까지 읽어준다.

지금 읽기 좋은 책 1

가장 맛있다!
창작그림책

그림책을 알아가던 시기, 내게 가장 애매한 말은 '창작'이란 단어였다. 누가 "창작책 들였어요?"라거나 "창작전집 좀 읽어주지!"라고 말하면 그게 앤서니 브라운의 그림책을 말하는 것인지 생활동화를 가리키는 것인지 헷갈렸다. 아니, 세상의 모든 이야기가 창작인 거 아니었나.

창작동화 = 그림책 – (전래, 명작, 지식책)

그림책에서 예로부터 전해지는 이야기인 전래 및 명작과 정보 전달이 목적인 지식책을 빼면 창작동화가 남는다. 엄마들 사이에서는 꿈과 상상력을 키워주는 이야기책이라 불린다. 존 버닝햄의 『지각대장 존』, 『마법 침대』 등이 대표적이다. 간혹 이렇게도 분류된다. 어떤 엄마는 "집에 세계창작 있어요?"라고 묻는다.

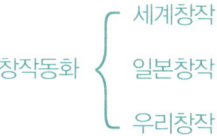

세계창작에서 굳이 일본창작을 따로 뺀 이유는 그만큼 영향력이 높아서다. 우리보다 그림책 역사가 길어서인지 좋은 책이 많다. 지식을 담은 교훈적인 그림책이 많은데다 얼핏 배경이 비슷하고 일본 아이가 우리나라 아이처럼 보이는 것도 장점이다.

그림책의 소속이 어디든 창작동화의 미덕은 이야기의 '맛'에 있다. 작가가 자유롭게 만들어냈으니 이야기가 재미있을 수밖에 없다. 서너 살까지는 아이 수준에 맞춘 단순한 이야기가 많지만 다섯 살을 넘기면 거의 모든 주제가 책에 등장할 만큼 이야기가 버라이어티하다. 이쯤에서 시니컬한 몇몇 분들은 다소 허무맹랑한 창작 이야기가 아이의 발달에 무슨 도움이 될까 의심할 수도 있겠다. 존 버닝햄의 『마법 침대』를 읽고는 '침대를 타고 어디든 간다고? 그래서 뭐?' 이런 생각이 책 한 권의 가격과 겹칠지 모른다.

하지만 창작동화란 친구로 따지자면 항상 붙어 다니는 짝꿍과 같다. 그림책을 보면서 하늘도 날아다니고 마법사도 만나고 동물 친구들과 숲속을 모험한다. 불가능해서 그렇지, 아이의 머릿속을 뒤집어서 분석하면 그야말로 대단한 상상 발전소가 가동 중인 셈이다.

굳이 따지자면 엄마들이 오매불망 바라는 교육 효과도 쏠쏠하다. 일단 아이들의 '문학적 눈치 게이지'를 한껏 올려준다. 다양한 이야기를 접하면서 주인공의 심리와 줄거리에 담긴 주제를 알아내는 '감'이 생긴다는 뜻이다. 『아이는 유치원에서 세상을 배운다』의 저자 박상미는 오랜 현장 경험을 통해 알게 된 창작동화의 장점을 이렇게 요약해주었다.

"유아기 독서의 미덕은 복잡한 이야기를 이해하고 주인공의 심리에 공감한다는 거예요. 유아기에 글을 읽고 이해하는 능력을 키울 때 의외로 이야기책이 많은 도움이 되거든요. 긴 문장, 상세한 상황 설명, 복잡한 사건 묘사 등을 통해 아이들은 책의 줄거리를 이해하는 능력을 키운답니다. 반면 지식책은 단순하고 설명적인 문장으로 되어 있어서 어려운 구문을 읽어내는 능력을 발달시키기가 어렵지요."

너덧 살부터 읽는 그림책, 그러니까 복잡하고 상징적이며 축약적인 그림책을 통해 아이의 '감'은 발달된다. 지금이야 우습게 보이겠지만 아이가 초등학교 3학년만 되어도 그 '감'이 얼마나 중요한지 체감할 수 있다. 문제를 읽고 정답을 맞히는 과정 자체가 바로 '감'에서 시작되니까. 훗날 당신의 아이가 "글을 읽어보니까 그냥 1번이 정답이야!"라고 말한다면 그건 창작을 통해 발달된 '감' 덕분일 가능성이 높다.

그림책의 수혜 목록에는 미적 감각도 빠지지 않는다. 예로부터 창작그림책을 미술 작품에 비유하는 사람들이 많았다. 그들은 이렇게 말한다. 프랑스 루브르 박물관에 가서 〈모나리자〉를 볼 수 없다면 지금 당장 그림책을 펼쳐라! 영국에서 어린이책 일러스트레이션 석사 과정을 개설한 마틴 솔즈베리Martin Salisbury도 그림책이 아이들에게 예술의 세계를 가르친다고 한 책의 인터뷰를 통해 밝혔다.

그림책이 아이들의 첫 번째 미술 선생님이 되는 거죠. 언제든지 보고 싶을 때 볼 수 있고, 얼마든지 보고 또 봐도 되는 자신만의 개인 미술관이 손안에서 펼쳐지는 거예요. 정확히 알 수는 없지만 어린 시절에 질 좋은 그림책을 많이 접하면 분명 미적 감각과 취향을 기를 수 있습니다.
— 편집부, 『리틀 빅 북』

미적 감각이나 취향이란 말이 다소 추상적이라면 엄마들이 단번에 체감할 이야기를 꺼내겠다. 벌써부터 초등학교 운운하고 싶지는 않지만 1, 2학년 때 아이가 받아 오는 상의 대부분은 '그림상'이다(초등 저학년은 자기의 생각을 말로 표현하기 어려운 나이다). 여섯 살부터 대한민국 아이들이 미술 학원에 다니는 데에는 초등 엄마들의 조언이 한몫했다. "초등에서 상장 자주 받고 싶어? 그럼 그리기가 최고야!"

창작동화의 장기는 '기타 등등'으로 줄여야 할 만큼 다양하지만 마지막 장식은 아무래도 쿠슐라의 이야기가 적당할 듯하다. 쿠슐라는 '그림책의 극적인 효과'를 증명하는 대표적인 사례자다. 신체장애와 정신 장애를 가지고 태어났지만 가족들은 생후 4개월부터 쿠슐라에게 그림책을 읽어주었고, 그 결과 눈부신 변화를 이뤄냈다. 내가 쿠슐라의 이야기에서 감탄했던 부분은 지능이나 언어 발달이 아니었다. 『쿠슐라와 그림책 이야기』의 저자이자 외할머니인 도로시 버틀러가 책 맺음말에 적은 문구였다.

쿠슐라는 책 속에서 많은 친구를 만났다. 고통과 좌절에 빠져 있을 때 책 속의 등장인물과 따뜻함과 멋진 색채가 쿠슐라 옆에 있었다. … (중략) … 쿠슐라가 3년 8개월이 되었을 때 한 말은 우리가 알아야 할 것이 잘 드러나 있다. 그때 쿠슐라는 두 팔로 인형을 안고 산더미 같이 책이 쌓인 소파 옆에 앉아 있었다. "이제 루비에게 책을 읽어줘야 해. 그 애는 지쳤고 슬프거든. 루비 루를 품에 안고 우유를 먹이고 책을 읽어줘야 해." 이러한 처방은 어떤 아이에게나 필요하다. 장애가 있는 아이든 없는 아이든.
– 도로시 버틀러, 『쿠슐라와 그림책 이야기』

스테디셀러 창작 전집

Searching Tip

서너 살에는 일본창작이 인기다. 이야기가 안정적이고 따뜻하면서 교훈적이기 때문이다. 다음은 엄마들이 "우리 집에서 대박 났어요!"라고 자랑하는 주인공들. 창작은 10~20년 전에 출간된 책이라도 전혀 상관없는 바, 저렴하게 구입하고 싶다면 '구 버전'을 산다.

'마술피리그림책 꼬마'
웅진다책

영업 사원이 아파트 단지에서 "어머니, 마꼬 아시죠?"라고 줄임말로 당당하게 말을 걸 정도로 웅진의 대표 창작이다. 직접 읽혀본 엄마들의 반응도 좋다. 일본 작가가 주류를 이루고 우리나라와 영미권 작가의 작품이 약간 끼어 있다. 돌부터 너덧 살까지 읽는다. 80권, 활동 자료.

'푸름이 짝짜꿍 그림책'
푸름이닷컴

일본 작가 특유의 깔끔한 그림과 재미있는 이야기가 잘 어우러졌다. 오줌 싸기, 젖 먹기, 찾기놀이, 자동차, 사물 분류 등 일상적인 이야기가 주로 나온다. 책 크기는 아이가 들고 보기에 적당한 세로 20cm 남짓으로 아담하다. 22권.

'뉴테마동화'
프뢰벨

대학생 아들은 둔 나이 많은 선배가 "내가 20년 전에 이거 사서 열심히 읽혔다가 5년 뒤에 같은 아파트 단지 엄마에게 절반 가격에 팔았다"라는 호기로운 이야기를 들려줄 만큼 엄마들의 신뢰도가 높다. 세 살짜리가 읽을 만한 책부터 대여섯 살에 읽기 좋은 책까지, 이야기의 수준이 꽤 다양하다. 50권, CD.

'바바파파'
빛글

1970년대 프랑스에서 출간되어 인기를 끌었던 창작동화. 자유자재로 몸의 형태를 바꾸는 바바 가족의 이야기를 담았다. 몸의 형태를 마음대로 바꾼다는 설정 자체가 아이들의 흥미를 자극해서인지 "책을 싫어하는 아이도 잘 본다"라는 얘기가 자주 나온다. 그림 위주의 구성이라 너덧 살부터 재미있게 볼 수 있지만 일부는 예닐곱 살이 보기에 적당하다. 54권, 활동북.

'토들피카소'
몬테소리

세계적인 그림책 작가들의 작품을 다양하게 담았다. 에릭 칼의 작품이 여럿 포함되어 엄마들의 만족도가 높다. 전체 구성에 아기 그림책도 있어서 대상 연령이 넓은 편이다. 가장 호응이 좋은 나이는 두 돌에서 네 돌 사이. 75권.

'노래하는 솜사탕'
교원

건강, 정서, 탐구, 언어 영역에 맞춰 우리창작과 세계창작을 담았다. 아이들이 선호하는 자동차, 기차, 그림자를 주제로 한 이야기가 포함되어 있다. 동요 CD도 아이들에게 인기. 40권, CD.

'해피차일드애플'
스마일북스

아이들이 두루 잘 읽는다는 엄마들의 후기가 많은 일본창작. 그동안 차일드애플 앞에 '리틀과 빅', '아이', '해피' 등 (머리가 아플 만큼) 타이틀이 바뀌면서 개정판이 나왔고, 그때마다 권수와 구성이 달라졌다. 마지막 개정판 '해피'는 꽤 많은 권수가 새로운 책으로 바뀌었다. 구 버전이나 개정판이나 분위기는 비슷한 편, 무엇을 선택해도 괜찮다. 60권, CD.

해피차일드애플(양 할머니의 이불)

지금 읽기 좋은 책 2

호기심이 가득 차면 첫지식책과 과학그림책

아이는 태어나서 열심히 세상을 탐색한다. 자신의 몸을 만져보거나 가족을 인식하거나 주변 사물이 무엇인지 생각하기 시작한다. 접촉 횟수가 잦은 대상에 대한 이해도 '얼추' 끝내는 중이다. 다만 아직 세상에 대한 배경지식이 단편적이고 얕팍하다. 뭐가 있는지는 알겠는데 왜 그런지는 이해가 가지 않으니 "왜?"라는 말이 자꾸 나온다.

아이들의 질문이 잦아질수록 신기하게도 부모들은 과묵해진다. 아이들의 질문은 너무나 광범위하고 원초적이며 심지어 까마득하게 옛날에 배운 것들이니까.

다행스럽게도 우리는 아이의 질문에 대해 몇 가지 유리한 방안을 생각해볼 수 있다. ① 선배 엄마들이 실천했던 몇 가지 대답을 반복하거나(무엇인지는 PS로 덧붙인다), ② 호기심을 풀어주는 지식그림책을 적극 활용하거나, ③ 정 안되면 스티브 잡스에게 감사하며 스마트폰으로 검색할 수 있다. 특히 ②번에 대해서라면 단연 첫 지식책과 과학그림책이 선두에 선다. 다들 '아이의 호기심을 해결해줍니다!' 대놓고 외치는 주인공들이다. 참, '과학'이란 단어에 너무 겁먹지는 마시길. 유아기의 과학이란 동물과 식물, 기본 지식들이 두루 섞여 있는 모양새다.

(하얀 페이지에 달랑 까만 구멍이 하나 보이면서) 어, 이게 뭐지?
으응, 물 빠지는 구멍.
(샤워기 구멍이 나오면서) 그럼, 이건?
아하, 물 나오는 구멍!
(까만 구멍이 두 개 보이면서) 이것도 구멍인가?
그래, 구멍이야. 차가 들어갔다, 나왔다.
(더 작은 까만 구멍 두 개가 보이면서) 어, 구멍이 또 있네?
– 허은미 글 · 이혜리 그림, 『우리 몸의 구멍』

지금까지 세상을 살면서 구멍이 왜 있는지는 생각해본 역사가 없고 어디에 구멍이 있는지는 따져보지도 않았다. 하지만 이제 막 세상을 탐색하는 아이에게 손가락을 쑤셔 넣을 수 있는 콧구멍에서 똥이 나오는 똥구멍까지 온갖 구멍이야말로 흥미진진한 주제가 아닐 수 없다. 이렇게 유아기의 지식책이란 ① 자주 접하는 소재를 ② 쉽고 재미있게 ③ 통합적으로 설명하는 것이 중요하다.

1 아이와 밀착된 주제가 나오나?

유아기 지식책에는 주로 몸, 뼈, 감기, 그림자, 교통수단, 공룡, 자동차(바퀴), 날씨 등과 같은 주제가 나온다. '어떤 책을 볼 것인가'에 대한 선택은 아이가 생활에서 얼마나 자주 접하는 것인가에 달렸다. 아이가 자동차를 좋아한다면 자동차나 바퀴책을, 그림자를 보고 신기해한다면 그림자책을, 여행을 간다면 비행기책을, 감기에 걸렸다면 생활 습관이나 세균책을 읽는다. 아이가 지식책이나 과학책을 재미있어 하는 이유는 한 가지다. 생활 속에서 '그것'을 봤고 그래서 호기심이 생겼기 때문이다. 요즘 지식책의 인기 주제? 똥, 콧구멍이다.

2 이야기가 쉽고 재미있나?

유아기에는 지식을 쉽게 설명하되 재미있는 이야기에 담아내야 한다. 이야기가 재미있어야 아이가 반복해서 보고 그 과정에서 개념을 확실히 이해하기 때문이다. 가령 A라는 지식을 차례대로 나열한 그림책보다 해적 이야기에 지식을 녹여낸 그림책이 훨씬 매력적이다. 무엇보다 이야기 구성이 재미있는 지식책은 출판사에서 공들였을 가능성이 높다. 시중에 나와 있는 수많은 지식책과 과학동화 전집을 비교해보면 구성 목록은 다들 엇비슷하지만 막상 읽어보면 글 짜임새나 넘어가는 맛이 다르다. 대충 만든 책일수록 이야기가 부자연스럽거나 뚝뚝 끊긴다.

3 사고를 확장시켜주나?

지식책의 기본은 'A는 무엇이다'라고 설명해주는 것. 단, 여기에서 끝나면 아쉽다. 좋은 지식책일수록 한 가지 개념을 바탕으로 아이의 사고를 확장시켜준다. 위에서 언급한 '구멍'이란 주제만 보더라도 아이가 생활에서 접하는 다양한 구멍을 통해 개념을 잡아주고 사고를 확장시켜준다. '물의 순환'이나 '물의 하루'가 지식책의 단골 주제인 이유도 마찬가지. (형태를 바꾸면서) 수돗물에서 수증기가 되고 구름이 되는 과정 속에서 아이의 사고가 확장된다. 융합 및 통합 교육이 대세를 이루면서 주제나 개념을 엮는 책들이 더욱 인기다.

누군가는 이렇게 반문할지도 모른다. 지금 같은 인터넷 시대에 무슨 지식책이냐고, 네이버에 물어보면 자세한 설명이 나오고 유튜브를 검색하면 생생한 동영상을 볼 수 있지 않느냐고. 그 말도 맞다. 나 역시 아이가 물어보는 내용을 스마트폰으로 검색해서 확인한다. 하지만 적어도 유아기에는 쉬운 단어로 설명된 지식책이 생각보다 유용하다. 인터넷이란 그야말로 정보의 바다, 수많은 정보가 출렁대는 까닭에 아이에게 보여주기에는 내용이 과하게 산발적인데다 기껏 찾는다 해도 어려운 단어가 많다. 지식그림책을 기본으로 삼되, 생생한 사진이나 동영상을 가끔 추가하는 편이 낫다.

PS

아이가 "왜?"라고 물으면!

"왜 그럴까?"

철학자가 된 아이 옆에서 비슷한 말을 반복한다. 아이는 엄마의 질문을 듣고 아주 잠깐이라도 무엇인가 생각할 터. 이것으로 충분하다. 거의 모든 상황에서 사용 가능한 만능 문장이다.

"엄마 생각에는 ~같아."
"너는 어떻게 생각해?"

"구름은 솜사탕 같은 거야?"라고 아이가 물으면 "솜사탕처럼 폭신폭신할 것 같지만 실제로는 작은 물방울들이 모여 있대"라고 말해주거나 정 모르겠다면 "엄마가 보기에도 솜사탕처럼 폭신할 것 같은데"라며 아이의 시선에서 말해준다. 후자의 대답이 바보 같이 느껴지는가? 적어도 아이의 상상 주머니를 한껏 부풀려주니 그다지 나쁘지 않다.

"정말 멋진 생각이구나!"

아이가 무엇인가 말한다면 이제 부모가 적절하게 반응할 차례. "그거 멋진 생각인데", "정말 참신한 생각이다", "우와, 그런 생각도 할 수 있구나"라고 열심히 지지해준다. 반응만 잘해도 좋은 부모가 될 확률이 높다.

"함께 찾아보자!"

유치원에서 선생님이 아이들에게 자주 사용하는 방식. 어떻게 찾느냐고? 지식책이나 백과사전을 읽거나 직접 실험해도 좋다. 밖이라면 스티브 잡스에게 감사하며 냉큼 스마트폰으로 검색한다. 기본 개념이나 원리를 알기에는 책이 낫고 즉각적인 사실 확인은 스마트폰이 효율적이다.

첫지식책과 과학 시리즈 및 전집

Searching Tip

> 보통 첫지식책은 서너 살부터, 과학동화는 다섯 살부터 읽는다. 과학동화는 첫지식책의 연장선상에 있으며, 여기에 마찰, 수평, 힘, 자석 등 다소 어려운 개념까지 포함한다. 어떤 책을 선택해도 좋으나 너무 옛날 사진이 수록된 책은 피한다. 더불어 현재 사용되지 않는 화폐나 국기, 국가명이 들어 있는 건 아닌지 꼼꼼히 확인한다.

첫지식책

'호기심아이 더하기'
한솔교육

아이가 궁금해할 만한 주제를 흥미롭게 풀었다. 특히 바람이 불었을 때 나타나는 상황을 병풍책으로 만든 『바람이 불면』, 그림자 카드를 통해 그림자의 특성을 파악할 수 있는 『그림자하고 놀자!』, 얼굴 탐색 그림책 『요리조리 얼굴 보자』 등의 활동책이 매력적이다. 개정하기 전의 책은 저렴하게 구입이 가능하다. 35권, 활동책.

'콩알'
웅진다책

1단계 꼬마 편, 2단계 어린이 편으로 구성되어 있다. 각종 도구와 동물들의 생활, 몸과 환경 등 다양한 내용을 아이들 눈높이에 맞춰 만들었다. 트럭, 불도저, 헬리콥터 3권의 조작북과 공룡 팝업북이 인기다. 중고 가격도 조작북의 보존 상태에 따라 달라진다. 60권.

'오르다 첫발견'
오르다코리아

프랑스판 지식그림책. 파스텔 톤의 부드러운 그림체와 투명 필름지, 관찰 돋보기 구성으로 유명세를 얻었다. 단, 우리 환경과 맞지 않는 이야기가 있는데다 비싼 가격은 흠이다. 구입한다면 80권짜리 중고를 추천한다. 150권.

과학 시리즈 및 전집

'과학의 씨앗' 시리즈
㈜비룡소

단순한 과학 정보를 넘어 하나의 특징을 여러 사물을 통해 관찰할 수 있다. 『열려라! 문』에서는 두 돌부터 열심히 열어젖히는 온갖 문들에 대해, 『쭈글쭈글 주름』은 얼굴부터 빨대까지 다양한 주름에 대해 이야기한다. 6권.

'신기한 스쿨 버스' 시리즈
㈜비룡소

다섯 살부터 아이들이 열정적으로 사랑하는 과학그림책. 엉뚱한 선생님과 반 아이들이 마법 버스를 타고 모험을 떠나는 이야기다. 암석, 전기, 공룡, 꿀벌 세계 등 주제는 약간 어렵지만 워낙 이야기가 재미있어 아이들이 잘 본다. 작가가 해당 분야를 조사하고 전문가에 감수받은 만큼 내용도 알차다. 12권.

신기한 스쿨 버스(꿀벌이 되다)

과학의 씨앗(열려라! 문)

'과학은 내 친구' 시리즈
한림출판사

야규 겐이치로를 비롯해 주로 일본 작가의 과학그림책을 모아서 시리즈로 출간했다. 단행본을 모아놓은 만큼 책마다 재미있는 이야기가 눈에 띈다. 콧구멍, 뼈, 상처, 피부, 발바닥, 똥 등 몸과 생활에 대한 주제가 많다. 34권.

'솔루토이 과학'
교원

솔루토이 시리즈 중에서 가장 인기가 많은 주인공. 책 뒷부분에 놀이를 겸한 활동지가 붙어 있어서 읽은 내용을 다시 확인할 수 있다. 무엇보다 책 속 캐릭터들이 수다를 떨듯 과학 이야기를 들려주는 CD가 인기. 엄마들이 'CD로 듣는 책'이라고 부르는 이유다. 35권, CD.

'달팽이 과학동화'
보리

유치원 누리 과정에 맞춰 동식물, 환경, 신체, 일상생활에 대한 과학 이야기를 담았다. 그림체가 다소 예스러워 호불호가 갈리나 창작동화처럼 이야기가 자연스럽다는 것이 강점. 구 버전인 40권은 아주 저렴하게 구입할 수 있으며, 최신 개정판은 50권에 DVD가 포함된 구성이다.

'새콤한 원리 달콤한 과학 오렌지'
이수

엄마들 사이에서 '오렌지 과학동화'로 불린다. 동식물, 인체, 물체, 물질, 도구, 기계 등 각 주제에 맞춰 재미있는 이야기를 덧붙였다. 다섯 살부터 초등 저학년까지 두루 보기에 좋다. 62권.

지금 읽기 좋은 책 3

동물원에 가기 시작하면 자연관찰책

아이가 동물원에 가고 나들이가 잦아지면 부모들은 아이가 접하는 온갖 동식물에 대한 지식을 알려주고 싶어서 안달이 난다. 코끼리가 무엇을 먹고 어떤 똥을 누는지, 기린은 어떻게 잠을 자고 새끼를 낳는지 등 책을 통해 죄다 알려주고 싶어 한다. 이러한 열망은 (자연을 접하기 힘든) 도심에서 아이를 키우는 부모들의 본능에 가깝다.

이때 우선순위가 헷갈리면 안 된다. 아이가 어릴수록 책보다는 '자연 관찰'이 먼저다. 멀리 갈 것도 없다. 아이들의 관찰은 대개 집 근처 산책길이나 공원에서 이뤄진다. 유아기에는 아이 키를 넘지 않는 대상, 그러니까 줄지어 가는 개미나 비 온 뒤에 출몰하는 지렁이, 살짝 건드리기만 해도 몸을 동그랗게 마는 공벌레, 꽃 위의 나비나 거미줄을 치는 거미, 혹은 입으로 바람을 후~ 부는 장난감인 민들레 홀씨 등이 최고의 관찰 대상이다. 이때 부모의 역할이란 "빨리 가자!", "다 봤어?", "만지지 마!" 이렇게 재촉하거나 겁주지 않으면서 기다려주는 것뿐이다.

그림책에서도 이런 변화가 엿보인다. 과거에는 아프리카 초원을 뛰노는 동물원용 주인공들이 극진한 대접을 받았지만 지금은 생활 밀착형 동식물이 우대받는다. 예컨대 최근에 '뜬' 동물이 바로 지렁이다. 웬만한 전집의 고정 멤버를 꿰찼을 뿐만 아니라 꽤 많은 단행본으로도 나왔다. 비만 오면 여기저기 출몰하는데다 아이들 시선에 딱 맞춰 땅바닥에서 기어 다니고 막대기 하나면 홀러덩 뒤집어볼 수 있으니 이만한 관찰 대상이 없다. 죽어서도 자연의 원리를 몸 바쳐 보여준다. 바싹 마른 죽은 지렁이를 개미 떼가 뻴뻴 이고 가는 모습을 통해 개미들의 협동 정신과 식생활을 알 수 있다.

사진 vs 세밀화

자연관찰책은 생생한 사진 혹은 세밀화로 구성된다(섞여 있더라도 비중이 높은 쪽이 있다). 엄마들마다 선호하는 취향도 다르다. 어떤 엄마는 생생한 사진이 우선이라고 하고, 또 다른 엄마는 부드러운 세밀화가 낫다고 한다. 주변 사례를 살펴보면 남자아이는 사진을, 여자아이는 세밀화를 좋아한다. 가령 남자아이는 "엄마, 잠자리가 다른 잠자리 머리를 뜯어먹고 있어"라고 경쾌하게 말하지만 여자아이들은 징그럽다면서 책장을 덮는다. 당연히 자연관찰책은 엄마의 기호보다 아이의 반응을 먼저 살펴야 한다. 도서관에서 몇 권의 자연관찰책을 보여주고 확인하시라. 아이의 눈이 커지는지 아니면 눈을 질끈 감는지.

이야기 vs 정보

자연관찰책을 선택할 때 부모들이 집중하는 것은 '정보의 양'이다. 최대한 동식물에 대한 정보가 가득 담겨 있어야 만족한다. 하지만 서너 살에 자연관찰책을 사는 이유는 딱 한 가지다. 아이가 책을 통해 자연에 흥미를 느끼도록 하는 것. 굳이 책 속에 A부터 Z까지 정보가 가득할 필요가 없다. 책을 읽으면서 아이가 '개구리는 뜀뛰기를 잘하는구나', '코끼리는 덩치가 크지만 풀만 먹는구나' 등 핵심을 기억하고 대상에 호기심을 가지면 성공이다. 아이가 어릴수록 정보의 양보다 흥미를 자극하는 이야기나 구성이 중요하다.

자연관찰책에서 정보가 중요해지는 시기는 다섯 살. 아이의 배경지식이 늘어나면서 책을 읽다가 궁금해지는 부분이 부쩍 많아진다. 책의 주제가 곤충이라면 한살이, 먹이와 적, 짝짓기 등 충분한 설명이 담겨 있어야 아이의 지적 호기심을 채워줄 수 있다. 대여섯 살에 자연관찰책을 산다면 보통 초등 2~3학년까지 보기에 좋은 것을 고른다.

전집 vs 도감

굳이 한꺼번에 80권짜리 전집을 사지 않겠다면 주제별 세밀화 도감을 선택한다. 창작동화를 읽다가 연관된 동식물을 도감에서 찾아보거나 하루에 한 페이지씩 꾸준히 읽는 방식은 어떤가. 도감이라고 해서 내용이 단순하지만은 않다. 아이와 재미있게 보던 『내가 좋아하는 가축』의 고양이 편을 보면 밤낮에 따라 달라지는 고양이 눈동자나 생활 습성 등 꽤 다양한 내용을 다루고 있다.

종종 엄마들이 자연관찰책에 대해 투덜대는 얘기가 있다. "80권이나 책장에 들였는데 왜 골고루 읽지 않는 거야?", "우리 아이는 공룡책이랑 악어책만 죽어라 보고 나머지는 손도 대지 않아요." 세상의 모든 아이들이 곤충학자 파브르를 지망하는 것은 아니다. 보통 남자아이들은 공룡, 사마귀, 사자, 악어, 호랑이 편을 좋아하고, 여자아이들은 장미, 딸기, 강아지, 고양이 편을 사랑한다. 자연관찰책은 무엇인지 궁금할 때마다 꺼내보는 참고서에 가깝다. 산책을 하다가, 동물원에 갔다가, 창작동화를 읽다가 궁금한 동식물이 나오면 그때 연결해서 보면 충분하다. 아이가 더 많은 자연관찰책을 보면 좋겠다고? 현실에서 동식물을 다양하게 접할수록 책장을 펴는 횟수도 늘어난다.

자연관찰 시리즈 및 전집

Searching Tip

자연관찰 전집은 권수가 많고 가격이 비싸서 엄마들이 스스로를 결정 장애 운운하며 선뜻 사지 못한다. 쉬운 비교 방법.

> ① 마음에 드는 출판사의 자연관찰책 몇 권을 정한다.
> ② 도서관이나 옆집에서 공수해온다(없다면 인터넷 블로그 검색).
> ③ 처음부터 동시에 페이지를 넘기면서 비교하며 읽는다. 한 권을 이런 식으로 비교하면 눈에 들어오는 책이 나온다.

'물들숲 그림책' 시리즈
㈜비룡소

생명의 한살이를 담은 생태그림책 시리즈다. 어른이 보기에도 정밀하고 예술적인 세밀화가 아름다운데다 관련 내용도 알차게 담았다. 『거미가 줄을 타고』, 『사과가 주렁주렁』, 『참나무는 참 좋다!』 등이 특히 인기가 많다. 9권.

'세밀화로 그린 어린이 자연 관찰' 시리즈
호박꽃

흔히 '내가 좋아하는 시리즈'로 불린다. 초등 교과서에 나오는 동식물 800종을 따뜻한 세밀화로 그려냈다. 여자아이에게는 아름다운 꽃이 가득한 『내가 좋아하는 꽃』, 『내가 좋아하는 식물원』을, 남자아이에게는 친근한 동물이 나오는 『내가 좋아하는 가축』, 『내가 좋아하는 동물원』을 추천한다. 채소, 풀꽃, 곡식, 시냇가, 곤충, 야생동물, 바다생물 등 20권짜리 시리즈다. 4~5세부터 읽기에 적당하다.

'생생다큐 자연관찰'
프뢰벨

아이의 호기심을 자극하는 '왜 그럴까?', '어떻게 자랄까?' 묻는 방식으로 이야기를 구성했다. 바닷가 동물을 보여주면서 '누구일까요?'라고 물은 뒤에 책장을 넘기면 물개가 크게 그려져 있는 식이다. 책의 내용을 생생하게 볼 수 있는 DVD도 엄마들에게 인기. 50권, CD, DVD.

'자연이 소곤소곤'
교원

아이들의 호기심을 끌기 위한 장치가 곳곳에 있다. 투명 필름지를 넘기면 그림이 움직이는 것처럼 보이거나 플랩북의 형태로 들춰보기가 가능하다. 또 뒷장에 스티커를 붙이는 부분을 넣었다. 단순한 설명이 아닌 말랑말랑한 동화에 지식을 덧대어 세 살부터 보기에 적당하다. 63권.

'탄탄 자연속으로'
여원미디어

정보가 많아서 너덧 살부터 초등학교 저학년까지 볼 수 있는 자연관찰 전집. 접지를 펴면 동물의 한살이가 4쪽에 걸쳐 쫙 펼쳐지는 부분이 강점. 책 뒤편의 동식물에 대한 추가 내용과 독후 활동도 알차다. 지렁이 편을 보면 직접 화분에서 지렁이를 기르는 방법이 나온다. 사진이 적나라해서 여아보다 남아들이 선호하고 내용이 많아 다섯 살부터 보기에 좋다. 100권.

탄탄 자연속으로(빨갛게 익어 가는 토마토)

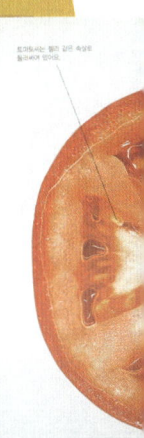

도서관에서 누리는 나이별 효과

아이가 어릴수록 도서관에 갔다가 실망하는 부모들이 많다. 우선 아이가 좋아하는 책을 찾아보면 '멀쩡한' 녀석들이 없다. 팝업북은 뜯겨져 있고 촉감책에는 이유식이 묻어 있으며 플랩북의 덧댄 종이는 이미 실종된 상태. 마음을 진정시키고 책을 읽기 시작하면 이번에는 아이가 고음을 질러대며 책장 사이를 달려가니, 공연스레 아이만 훈육하다 돌아오기 쉽다.

유아실이 잘 갖춰진 어린이 도서관이 아니라면 도서관은 말이 좀 통할 때 간다. 자신의 사진이 박힌 도서관 카드에 기뻐하고 도서관에서 왜 조용해야 하는지 이해하는 시기 말이다. 부모 입장에서도 짐이 확 줄어드는, 즉 기저귀 떼는 시기가 이동하기 편하다. 이때부터 도서관에 정기적으로 가기 시작하면 '도서관 효과'를 톡톡히 누릴 수 있다.

두 살부터, 재미

아이와 함께 북스타트 책꾸러미를 받거나 책 읽어주는 할머니를 만나거나 유아 독서 통장을 만들거나 매점에서 맛있는 간식을 사 먹는다. 최근에는 도서관에서 유아를 상대로 그림책놀이 행사를 자주 진행한다. 예를 들어 『무지개 물고기』를 읽고 아이만의 알록달록 물고기를 만드는 식이다.

천개의바람에서 펴낸 『도서관에서 만나요』라는 참 따뜻한 그림책이 있다. 일본 도서관에서 실제로 있었던 '인형 초대의 날' 행사를 그림책으로 엮은 것인데, 이야기는 이렇다. 아이들은 자기가 사랑하는 인형을 데려와 도서관에서 재우고 다음 날 만난다. 책 뒷면에 적힌 한 도서관 관장의 말을 빌리자면 이토록 간단한 행사가 얼마나 아이들의 상상력을 자극하고 아이들이 책을 좋아하게 만드는지 알 수 있다. "이 행사 때 처음으로 도서관에 온 아이가 날마다 온답니다."

서너 살부터, 본보기

도서관에서 사람들은 다들 비슷한 행위를 한다. 또래 친구도 책을 보고 서너 살 많은 누나나 형, 언니나 오빠도 책을 본다. 가끔 뛰어다니거나 짧은 외침을 내지르는 아이가 있기는 하나 거의 책을 본다. '책 읽는 타인의 모습'을 보면 볼수록 아이들의 머릿속에는 '다른 아이들도 책을 읽는구나', '책이란 재미있는 거구나'라는 생각이 쌓인다. 이미 말했듯 유아기 내내 아이들은 지독한 흉내쟁이다. 자기보다 나이가 많은 사람의 행위를 모방하려 한다. 혹 집에서 책 읽는 모범을 보이지 못했다면 도서관에 가서 타인의 책 읽는 모습을 보여주시라.

너덧 살부터, 아름다운 단행본

아무리 책이 많은 집을 가봐도 전집으로 책장을 가득 채웠을 뿐, 단행본이 많은 집은 찾기 어렵다. 좋은 단행본을 검색해서 잔뜩 사들이기엔 돈이며 시간이며 투자 비용이 너무 많이 드는 탓이다. 도서관은 어떤가. 전집도 꽤 있지만 그만큼 좋은 단행본이 많다. 이건 시각차에서 비롯된다. 엄마들은 '교육적 필요성'에 따라 책을 사지만 사서는 '문학적 우수성'을 기준으로 그림책을 구입한다. 스테디셀러 그림책이나 유명 작가의 신작, 칼데콧 수상작을 시기별로 업데이트해서 들여놓는 곳은 도서관밖에 없다. 가격이 비싸거나 내용이 철학적이어서 엄마들이 사기 주저하는 바주 샴의 『나무들의 밤』이나 마르타 이그네르스카의 『알록달록 오케스트라』, 이보나 흐미엘레프스카의 『마음의 집』과 같은 책이 대표적이다. 특별히 원하는 그림책이 있다고? '희망 도서'로 신청하면 새 책을 사놓고 친절하게 문자까지 보내준다. '책 도착했어요. 빌려 가세요!'

다섯 살부터, 영역별 읽기

그림책을 다양하게, 그리고 깊게 읽고 싶다고? 이건 도서관이 전문이다. 어린이 도서관 유아실에 가서 책장을 쭉 둘러보시라. 총류를 비롯해 철학, 종교, 사회 과학, 순수 과학, 기술 과학, 예술, 언어, 문학에 따라 책들이 꽂혀 있다. 그러니까 지식책은 사회 과학 책장에서, 과학동화, 자연관찰책, 수학동화는 순수 과학 책장에서 만날 수 있다. 완벽한 영역별 책장이다.

다양한 그림책을 읽고 싶다면 각 영역별 책장에서 몇 권씩 빼오면 끝이다. 총류에서 몇 권, 사회 과학에서 몇 권, 문학에서 몇 권을 빼온다. 반대로 한 영역을 깊게 읽고 싶다면, 예를 들어 과학동화를 깊게 보고 싶다면 순수 과학 책장에서 각 출판사에서 나온 그림책을 빼서 읽는다. A출판사에서 나온 '뼈' 그림책과 B출판사에서 출간한 '뼈' 그림책을 비교해서 보는 식이다. 출판사와 작가마다 똑같은 주제를 다르게 풀어가니, 비교 읽기는 생각보다 흥미롭다.

도서관이 아이에게만 이로운 건 아니다. 요즘 엄마들의 불안이 증폭되는 공간은 바로 인터넷. 가격은 비싸지만 다들 구입한다는 인기 전집이며 누구맘이 샀다는 대박 전집이 가슴에 박혀서 정신이 혼미해질 때가 있다. 그 녀석들을 당장 집으로 데려오지 않으면 내 아이에게 결정적 자극을 주지 못할 것만 같은 기분에 빠진다. 이런 조급증이 생겼다면 처방전은 아주 간단하다. '도서관에 가세요!'

인터넷에서 정보를 검색하면 유명한 전집 A, B, C만 눈에 띄지만 도서관에 가면 비슷한 책이 A부터 Z까지 꽂혀 있다. 내가 알지 못했던 좋은 책들이 가득하니 밤새 한창 부풀려진 조바심이나 불안이 단번에 사라진다. 유아기 내내 집과 도서관이 가까우면 엄마나 아이나 행복 지수가 높아진다. 조만간 이사 계획이 있다고? 초등학교와 공원, 어린이 도서관이 가까운 곳이 최고다.

책과 도서관에 대한 그림책

Searching Tip

> 책과 도서관에 대한 그림책은 너덧 살부터 읽기에 적당한 책들이 대부분이다. 지금은 『도서관 아이』나 『도서관에 간 사자』 정도를 읽어주다 아이가 도서관에서 직접 책을 고르고 빌리는 활동이 가능해지면 나머지 책들도 읽어준다.

『도서관 아이』
채인선 글 배현주 그림
한울림어린이

책을 사랑하던 박꽃님은 출산을 하고 난 뒤에도 갓난아이를 데리고 도서관에서 봉사를 한다. 그 아이가 도서관의 책과 사람들 사이에서 자라면서 '도서관 아이'로 성장하는 모습을 담았다. 도서관이 아이의 성장에 어떤 영향을 주는지 따뜻하게 보여주는 책이다.

『도서관에 간 사자』
미셸 누드슨 글
케빈 호크스 그림
웅진주니어

도서관에 책을 좋아하는 사자가 등장하면서 한바탕 소동이 벌어진다. 사자는 살살 걸어야 하고 조용해야 하는 도서관에서 잘 지낼 수 있을까. 책을 읽다 보면 마치 어디서든 뛰고 떠드는 아이가 사자인 듯 느껴진다. 글이 꽤 많지만 이야기가 흥미로워 아이들이 잘 본다.

『도서관 생쥐』
다니엘 커크
푸른날개

어린이 참고서 코너의 쥐구멍에 사는 생쥐 이야기. 사는 곳이 도서관이다 보니 매일 책을 읽다 독서에 폭 빠진 생쥐가 결국 자신의 이야기를 책으로 만들기로 한다. 책 읽는 모든 아이들이 작가가 될 수 있다는 사실을 알려준다. 5권 시리즈 중 하나.

『책 읽는 유령 크니기』
벤야민 좀머할더
토토북

생일날 책 선물을 받은 꼬마 유령 크니기는 책장을 열고는 고민에 빠진다. 책 속이 아무것도 없이 텅 비어 있었으니까. 도대체 어떻게 읽어야 하지? 책을 읽기 위한 크니기의 노력을 통해 '책 읽는 방식에는 정답이 없다'라는 사실을 깨닫는다. 스위스에서 가장 아름다운 책으로 선정.

책 읽는 유령 크니기

『윌리의 신기한 모험』
앤서니 브라운
웅진주니어

주인공 윌리가 '신기한 문'에 들어설 때마다 매번 새로운 모험을 한다. 하루는 이상한 나라의 앨리스처럼 토끼 굴로 떨어지고, 하루는 피터팬이 되어 후크 선장과 싸움을 벌인다. 눈치챘겠지만 신기한 모험을 하는 곳은 바로 도서관. 책을 읽고 나면 이야기에서 언급된 10권의 고전이 궁금해진다.

『도서관은 어떤 곳일까?』
아카기 간코 글
스가와라 게이코 그림
달리

도서관에서 그 많은 책을 어떻게 분류하는지, 숫자로 붙어 있는 분류 기호는 무슨 뜻인지, 사서는 무슨 일을 하는지 소상히 알려준다. '도서관에 가자!' 시리즈의 첫 번째 이야기. 지금은 절판되어 도서관에서 빌려봐야 한다.

책 읽는 유령 크니기

딱 지금부터 고민 1

누구 손을 잡지?
단행본 vs 전집

- **단행본** : 한 권씩 만들어서 파는 책. 앤서니 브라운의 『우리 아빠가 최고 야』, 백희나의 『구름빵』 등.
- **시리즈** : 하나의 카테고리 아래에 시간 차를 두고 계속 단행본을 출간하는 것. '신기한 스쿨 버스' 시리즈처럼 한 작가가 같은 종류의 책을 계속 펴내기도 하고, 한 출판사에서 '전래동화'라는 영역 아래 여러 작가의 책을 출간하기도 한다.
- **전집** : 여러 권을 한꺼번에 기획, 제작, 판매하는 묶음 책. 시리즈가 한 권씩 출간한다면 전집은 50권, 80권, 100권 등 한꺼번에 출간해서 판매한다.

아이가 서너 살이 되면 누구든 전집에 대해 고민한다. 누구맘이 인기 전집을 샀다고 하면 구성과 가격이 궁금하면서도 다른 한편으로는 벌써부터 너무 유난 떠는 성 싶어 마음이 무거워진다. 마음이야 북유럽 엄마들처럼 아이를 자유롭게 놀리고 싶지만 어차피 우리가 발을 디디고 사는 곳은 입시 경쟁이 지독한 대한민국이 아닌가. 나 역시 아이의 유아기 내내 단행본과 전집에 대한 수많은 이야기를 들었고, 그 사이에서 정신이 혼미해지곤 했다.
단행본을 사랑하는 엄마들은 대체로 이런 이야기를 남겼다.

"그림책 한 권의 질량이 달라요. 단행본은 이야기도 재미있고 내용도 알차지요. 반면 전집은 좋은 책과 그렇지 않은 책이 섞여 있어요. 처음엔 권당 가격이 싼 것 같아도 마음에 드는 책만 따져보면 들어가는 비용도 비슷하답니다."

"아이가 선택한 책들이 책장에 쌓이는 즐거움이 있지요. 그 책을 샀을 때의 기억이나 이야기가 한 권씩 쌓이는 기분이랄까요. 전집이요? 한꺼번에 70권, 80권이 책장을 채우니까 저걸 언제 다 읽나 싶어서 가슴이 답답해요. 비싼 전집은 본전 생각이 나서 마음이 더 조급해지죠."

전집 찬양론은 대개 학습적인 부분에서 강조되었다. 그리고 아이보다 엄마의 편의성에 유리하다는 얘기도 나왔다.

"영역별로 책을 구비해놓으면 아이가 연계해서 읽을 수 있지요. 아이가 산책을 하다가 어떤 곤충을 봤다면 곤충의 한살이가 담긴 자연관찰책을 읽은 다음에 파브르에 대한 인물책을 연결해서 읽을 수 있어요. 아이가 직접 정보를 찾고 배우는 습관을 들이기에는 전집이 좋아요."

"바쁜 엄마들이 언제 서점에 가서 책을 한 권씩 사겠어요? 전집은 70권, 80권이 한꺼번에 오니까 한동안 책을 살 필요가 없어요. 게다가 요즘 깨끗하고 싼 중고가 얼마나 많은데요. 10년 전 제품이면 권당 가격이 천 원에 불과하다니까요."

선배 엄마들은 각자가 추구하는 책 읽기 방식의 특징이나 장점을 말하면서 '선택은 당신에게 달렸다' 쯤에서 애매하게 이야기를 끝냈다. 누구든 똑 부러지게 정답을 말해주면 좋겠지만 그것은 애초에 불가능했다. 단행본을 선택한 엄마들은 자유로운 그림책 읽기에서 가치를 찾았고, 전집을 선택한 엄마들은 교육적 효율성에 주목했다. 내 경험을 비춰보더라도 "단행본만 좋아요" 혹은 "전집이 더 좋아요"라고 얘기하기는 힘들다. 외려 각각의 특징을 파악하고 적절하게 활용하는 편이 낫다.

1 각자 홈그라운드가 다르다

단행본은 작가의 자유로운 생각이나 화풍을 담는 창작동화나 이야기가 탄탄한 지식책 시리즈에서 빛난다. 유명 작가의 신작이나 그림책 수상작들을 재빨리 가져와 시장에 내놓는 일도 단행본이기에 가능하다. 특히 최근에는 톡톡 튀는 아이디어와 멋진 그림이 어우러진 단행본이 많다. 반면 전집은 엄마들의 니즈가 투영된 영역별 지식책에서 돋보인다. 단행본이 한 권에 알찬 내용을 가득 담는다면 전집은 다양하고 체계적인 구성에서 앞선다. 과학동화, 수학동화, 백과사전, 자연관찰책과 같은 학습적 요구가 강한 영역이 대표적이다. CD, DVD, 워크북 등의 추가 구성도 강점이다.

2 책을 많이 본다면 전집도 효율적이다

아이가 책을 좋아하고 자주 읽는다면 어차피 읽을 만한 책이 필요하다. 전집을 사든, 단행본을 사든 아니면 도서관에 가든 집에 볼 만한 책이 있어야 한다. 이 지점에서 전집의 장기가 나온다. 전집 중에는 오래전에 출간되어 가격이 민망할 만큼 싼 중고가 많다. 저렴한 가격에 아이의 읽기 식욕을 채워줄 수 있으니, 괜찮은 선택이다.

3 교육관에 따라 비중을 조율한다

단행본이나 전집에 대한 고민은 두 돌쯤 시작되어 한두 해 사이에 사라진다. 시작 시기와 양에 차이가 있을 뿐 아이가 클수록 전집이 책장에 입성하기 마련이다. 누구는 아이를 낳자마자 전집으로 책장을 채우는가 하면, 다른 누구는 단행본을 기본으로 삼되 나이에 맞춰 전집을 사들이는 식이다. 세상에는 좋은 전집도 많고 빛나는 단행본도 넘치니 굳이 단행본과 전집의 영역을 가르기보다 아이가 흥미롭게 볼 그림책이 풍성한가에 집중한다.

PS

괜찮은 전집의 기준

출간 연도가 오래된 장수 전집

20년 전에 출간되었으나 개정판을 계속 출시하는 할머니, 할아버지뻘 되는 장수 전집들이 있다. 중간에 출판사가 바뀌더라도 시장에서 생존하는 전집들은 '아이들이 잘 본다'라는 불문율을 깔고 있다. 가격적인 메리트까지 있다. 10~20년 동안 팔렸으니 시중에 얼마나 많은 제품이 있겠는가. 개정판이라고 해봐야 내용은 비슷하고 워크북과 CD, DVD가 추가되는 수준에 불과하니, 중고로 구입해도 상관없다.

중고 가격이 비싼 전집

거래되는 중고 수량이 많지 않을 뿐더러 가격까지 비싼 전집이 있다. 이유는 두 가지다. 갓 출간되었거나 혹은 내용이 알차서 가가호호 책장에 모셔두고 읽히는 경우. 전집도 상품인지라 중고 가격은 수요와 공급이라는 두 축에서 결정되고 그 사이에 보유 기간이라는 요소가 숨어 있다. 어떤 전집의 진짜 가격이 궁금하다면 정가는 무시하고 중고 가격을 살피시라. 전집의 진짜 가치는 중고 가격에서 나온다.

도서관에서 아이가 선택한 책

누구맘이 추천한 대박 책도 우리 아이가 보지 않으면 승률 0%의 쪽박 책이다. 아이마다 흥미를 느끼는 요소나 취향이 다르기 때문이다. 승률을 높이고 싶다면 도서관에서 아이의 손끝을 살핀다. 아이가 그림책 몇 권을 빼서 재미있게 본다면 그 책이 속한 전집은 아이에게 사랑받을 가능성이 높다.

딱 지금부터 고민 2

나도 빠졌다, 전집의 함정!

"산후 조리원에서 무료로 모빌을 만든다기에 참여했죠. 끝나고 주소랑 이름 등을 써냈더니 3개월인가 있다 담당자가 찾아와서 전집 설명을 쫙 늘어놓았어요. 지금이 아이의 결정적 시기니까 비싸더라도 좋은 책을 보여줘야 한다는 거였죠. 소중한 내 아이를 위해 돈 백 못 쓰겠냐 싶어서 주문했어요."

"어느 날 학습지 선생님이 핀잔을 주더라구요. 책이 이게 전부냐, 다른 집은 거실이 도서관인데 초등학교 가서 뒤떨어지면 어쩌려고 그러냐, 이런 얘기였죠. 순간 제 자신이 게으른 엄마가 된 것 같아 너무 부끄러웠어요."

"길을 가는데 어떤 분이 다가와 아이가 첫째냐, 사교육은 무엇을 하냐고 묻더니 아이 발달 검사를 무료로 해준다는 거예요. 나쁠 것 없겠다 싶어서 검사를 받았죠. 얼마 뒤 언어 능력이 떨어진다면서 이런저런 전집을 권하더군요."

다른 엄마들의 이야기지만 나도 들었고, 겪었고, 비슷한 경험을 했다. 전집이 종종 미움을 받는 데에는 불안 마케팅이 있다. 한꺼번에 비싸고 많은 책을 팔려니 가뜩이나 심약한 엄마들의 불안이나 경쟁심을 한껏 자극한다. 이 책을 읽어주지 않으면 아이의 지능과 감성이 하락할 거라고, 옆집은 별의별 책을 다 읽어주는데 당신만 손 놓고 있다며 동네 아이들을 비교 분석까지 해준다. 전집 설명에 '영재', '두뇌 자극', '대학 입시', '이웃집'이란 단어들이 자주 나오는 이유다. 불안한 마음에 검색해서 들여다본 인터넷 세상도 별 위안을 주지 못한다. 인터넷 속 누구맘의 이야기 역시 교육 마케팅에 휩쓸려 있기 십상이고, 인터넷 카페에서 책 얘기를 물으면 홍보 댓글이 기다렸다는 듯 재까닥 붙는다.

최악의 상황은 사회적 불안에 휘둘려 '전집 쇼핑홀릭족이 되는 거다. 나도 예외는 아니었다. 전집이나 검색해볼까 싶었던 나는, 생각지도 않게 밤마다 경이로운 신세계를 체험했다. 세상에 나온 전집은 끝이 없었고 댓글마다 무엇 무엇이 대박이라고 추천을 해대니, 그것들을 검색하기에도 하루가 짧았다. 신기한 건 새로운 전집을 발견할 때마다 살 만한 이유가 귀신같이 따라붙었다는 것이다. 지식책은 아이의 호기심을 채워주기 위해, 자연관찰책은 도시에서 자라는 아이의 감성을 키워주기 위해, 생활동화는 이 닦기 싫어하는 아이를 위한 엄포용으로 꼭 필요했다. 수학과 과학 동화는 수학 포기자와 과학 포기자가 늘었다는 뉴스를 떠올리자 사지 않을 수 없었다. 가격이 사악한 전집은 그 소수 인원에 끼고 싶은 열망에서, 싼 전집은 가정 경제를 살린다는 명목으로, 나는 열병에 들뜬 사람마냥 결제 버튼을 연거푸 눌러댔다.

종종 주객이 뒤집히는 현상까지 벌어졌다. 아이에게 책을 읽어주는 순간보다 좋은 물건을 싸게 건졌을 때 '나는 현명한 주부입니다' 배지를 가슴팍에 다는 기분이었다. 다만 책 읽기와 전집 쇼핑은 감탄이 터지는 지점이 달랐다. 과거에는 아름다운 이야기와 그림에 감탄을 내질렀다면 전집 쇼핑에 빠진 뒤부터는 권당 가격에 비명을 질러댔다. 시세보다 싼 전집을 발견하면 심장이 급하게 뛰면서 결제 버튼을 찾아댔다. 누군가 우리 집에 놀러 와 책장을 보고 전집 가격을 물으면 나는 매우 뿌듯해하며 이렇게 말할 터였다. "이거요? 단돈 5만 원에 샀답니다. 믿기지 않겠지만 진짜라구요!"

전집 쇼핑에 꽤 많은 시간을 쏟아부은 뒤, 다행히도 그동안 작동을 멈췄던 머릿속 제어 장치가 다시 깜빡이기 시작했다. 표시등에는 이렇게 쓰여 있었다. '뭔가 잘못 진행되고 있음. 점검 요망!'

정신을 차려보니 나는 그동안 책 쇼핑 혹은 교육 쇼핑에 빠져 있었다. 좋아하는 옷이나 지갑을 사는 일과 비슷한 쇼핑 말이다. 차이가 있다면 '아이의 교육을 위해서'라는 대의명분을 내세워 구매 행동을 스스로 합리화했을 뿐이었다.

가정 경제를 살린다고 생각했던 알뜰 쇼핑에 대해서도 뭔가 찜찜한 기분이 들었다. 최근 중고책 거래량이 늘면서 전집의 출간 연도나 상태에 따라 가격이 평준화되는 분위기다. 개정판인 새 전집은 깨끗하게 보고 되팔 수 있지만 싼 전집은 헐값에 팔기조차 민망해 누구에게 물려줘야 하니, 전집의 가치란 딱 그만큼이다. 가끔 가격 대비 좋은 물건이 나오기는 했지만 '그걸' 내가 재빠르게 낚아채기란 그만큼 어려웠다. 그러니 한 푼이라도 싸게 중고 전집 구입한다며 여러 날 검색에 시간을 허비하느니 빨리 원하는 책을 사고 대형 마트에서 간식거리 하나 더 사는 편이 실리적이다.

책육아의 중심은 언제나 그림책 읽기에 두어야 한다. 알뜰 쇼핑이나 전집 종류와 단계, 성공담에 치우치면 자칫 그림책 '읽기'에서 이탈할 가능성이 높다. "밤새 인기 전집 검색하고 사들이고 싸게 사는 방법 찾느라 도통 잠을 잘 수가 없었어. 낮에 아이랑 놀 때 짜증이 나더라고. 책 읽어주는 것도 귀찮고!" 또 다른 지인은 이런 하소연을 늘어놓았다. "남들이 추천하는 인기 전집을 사들이면서 남편과 한바탕했어. 도대체 이해를 못하더라고. 왜 그게 꼭 필요한지 무심한 남편은 관심도 없어!"

책육아에 있어서도 에너지 보존 법칙은 그대로 적용된다. 당신이 많은 시간을 책 쇼핑에 쏟아붓거나 남들이 얘기하는 불안 마케팅에 휩쓸린다면 정작 아이에게 줄 에너지를 뺏길 수밖에 없다. 경험상 불안 마케팅이 엄마들의 마음을 훔친다면 쇼핑 홀릭은 아이와의 시간을 빼앗는다. 그것도 홀딱!

불안 마케팅 말, 말, 말!

"아이에게 자극을 줄 결정적 시기예요!"

아이의 시냅스가 쭉쭉 연결되는 시기, 진짜 자극은 부모가 아이와 스킨십을 하거나 산책을 하거나 이야기를 나누는 일상이다. 유아기 부모가 투자할 것이라곤 사랑과 시간이 전부다. 솔직히 비싼 책이나 장난감을 사주기는 쉽다. 살 비비고 눈 마주치며 놀아주기가 어렵지!

"지금 투자하세요!"

유아기 내내 부모들은 누군가로부터 교육적 투자 권유를 받는다. 문제는 나이별로 투자 권유가 쭉 이어진다는 것. 유아기에는 흡수가 빠르니까, 초등 저학년에는 학습 태도를 잡기 위해, 고학년에는 공부 승패가 갈리니까, 중고등에서는 대학에 보내려면 얼른 투자하라고 말한다.

"이왕 살 거, 미리 사두세요!"

지금 행사를 하니까, 어차피 나중에 살 거니까 나이에 맞지 않는 전집을 몇 질씩 사들인다면 곧 그 많은 책을 어디에 보관할지 고민하거나 아이에게 빨리 읽으라고 독촉하게 될 것이다. 심지어 우리 아이가 그 책을 본격적으로 읽을 나이가 되면 시중에는 더 매력적인 신간이 나올지도 모른다. 살다가 이사를 한다면? 견적 비용만 쑥 올라간다!

3~4세 그림책 읽기 Q&A

Q 대박 전집이 있다던데?

책의 종류가 과하게 늘자 엄마들은 따지고 고르기보다 남들 집에서 성공했다는 책을 사들이기 시작했다. 언젠가부터 '대박 전집'이라고 하여 엄마들 사이에서 오가는 전집이 생겨난 것. 예컨대 앞에서 소개한 '푸름이 짝짜꿍 그림책', '마술피리그림책 꼬마', '뉴테마동화', '토들피카소', '해피차일드애플', '바바파파' 등이 손에 꼽힌다.

대박 전집은 그림책에 재미를 느끼지만 아직 배경지식이 부족해서 한 번에 이야기를 이해하지 못하는 나이, 즉 서너 살에 읽는 창작이 많다. 그 책이 좋아서건, 다 이해하지 못해서건 아이가 책을 반복해서 보니 엄마 입장에서는 반가울 수밖에 없다. "대박 났어요!", "우리 집 대박 전집이에요"라는 말이 절로 나온다.

Q 그림책, 중고로 사도 될까?

새 책을 사든, 중고책을 사든 상관이 없다. 초기 비용만 다를 뿐 최종적으로 소비되는 돈은 엇비슷하다. 새 책 사는 엄마들은 깨끗한 책 받아서 아이에게 잘 읽히다가 중고로 내다 팔고, 중고책 사는 엄마들은 좀 싸게 사서 읽히다가 헐값에 팔거나 그냥 물려준다. 경제적 여유가 된다면 새 책이나 미개봉 중고를 사고, 그렇지 않다면 저렴한 중고를 사면 그만이다. 시중에는 구입한 지 1~2년밖에 안 된, 깨끗한 중고도 많다.

솔직히 중고를 사도 될까, 고민하는 사람은 갓 아이를 낳은 엄마들일 뿐 육아 연차 2~3년만 되어도 중고 구입에 별 부담을 느끼지 않는다. 특히 요즘처럼 책이 넘쳐나는 시대에는 말이다. 내가 아이를 키우면서 새삼 깨달은 사실. 우리나라에는 유럽의 화려한 도서관 시스템은 없지만 그 대신 중고책 사이트와 택배 아저씨가 있다.

Q A급 중고책이 제일 좋은 거죠?

중고책 거래가 잦아지면서 다수에게 통용되는 등급 표현이 생겼다. 엄마들 사이에서는 "난 쩍 벌어지는 중고만 구입해", "A급은 별로야, 특A급이라면 몰라도"와 같은 우스갯소리가 오간다. 당신이 참고할 만한 중고 상품에 대한 표현은 다음과 같다.

- **"쩍 벌어집니다!"**

  아이가 거의 읽지 않아 책장에서 시간만 때우다 중고 시장에 나온 책들이다. 얼마나 안 봤으면 '쩍' 벌어질까. 비슷한 표현으로 '박스만 없는 새 책 수준입니다', '책장에 모셔두기만 했어요'가 있다.

- **"여아 혼자 본 책이에요."**

  이제까지 '남아 혼자 본 책이에요'라는 표현은 한 번도 못 봤다. 그만큼 남자아이들은 책을 막 보는 경향이 있다(책장을 마구 넘기니 본 티도 많이

나고 찢기거나 구겨지기도 한다). 비슷한 표현으로 '외동아이 잠깐 본 책이에요', '한 번씩만 봤어요' 등이 있다. 백과사전이나 자연관찰책 중고에서 자주 보이는 표현이다.

- **"A급입니다."**

특A급이라면 모를까, A급이라면 약간 본 티가 나는 수준을 말한다. 약간의 구김이나 찢김, 빛바램이 있을 가능성이 높다. 상태가 더 나쁘다면 '상태 양호', '깨끗' 여기서 더 내려가면 '읽는 데 지장 없어요', '싸게 읽히세요', '그냥 볼 만해요' 등의 표현이 나온다.

Q 전집 싸게 사고 싶어요!

아이가 책을 잘 읽어서 많이 사주고 싶지만 돈이 빠듯하다면 몇 가지를 포기한다. 대개 출판사에서는 정기적으로 개정판을 낸다. 표지를 바꾸거나 DVD나 워크북을 추가하거나 전자펜 버전으로 업그레이드한다. 간혹 출판사나 전집 이름이 바뀌기도 한다. 예컨대 연두비의 '쫑알이 요술 그림책'은 '수리수리 마수리'에 전자펜 기능을 첨가한 개정판이다. 다른 전집도 거의 비슷하다.

돈을 절약하고 싶다면 책 자체에 집중한다. 남들이 전자펜이 가능한 개정판을 살 때 개정 전판을 사거나 그마저도 몇 권이 빠지거나 워크북이 없는 구성을 선택한다. 아무래도 개정판이면 뭔가 바뀌지 않았을까? 경험상 일부 전집과 백과사전 몇 권을 제외하면 대부분 내용은 그대로다.

Q 중고책, 남들은 어디서 살까?

• **개똥이네**

책육아가 인기를 끌면서 확실하게 자리를 잡은 중고 서점. 온라인이 중심축이나 최근 오프라인 매장도 문을 열었다. 중고책 전문 상인이 주로 활동하기에 미개봉 전집부터 '읽은 티 팍팍 나는' 중고책까지 다양하게 만날 수 있다. 안전 결제가 가능한 것도 강점. 전집의 중고 가격을 파악하거나 후기를 확인할 때도 유용하다.

• **알라딘 중고 서점**

온오프라인 운영 중. 특히 오프라인 중고 서점은 지점이 많은데다 일반 서점처럼 깨끗해서 인기가 많다. 아이와 함께 찾아가 단행본 그림책을 쏙쏙 뽑아서 구입하기에 좋다.

• **중고나라**

네이버 중고 거래 사이트. 일반 가정에서 보던 전집이 꽤 나오기는 하나 추천하기는 어렵다. 인기 전집을 중심으로 사기꾼들이 너무나 활개를 치는 탓. 책 좀 싸게 사려다가 사기를 당하기 십상이다. 직거래를 회피하거나 댓글을 막아두거나 과거 거래 내역이 없다면 가짜 매물일 가능성이 높다.

• **지역 커뮤니티 카페**

가장 믿고 거래할 만한 곳은 지역 커뮤니티나 아파트 커뮤니티에서 운영하는 인터넷 카페다. 직거래가 쉬운데다 동네 사람들이니 서로 싸게 내준다. 특히 어린아이들이 많은 곳에서 커뮤니티가 활성화되는 분위기다.

어렸을 때부터 유아 만화를 애청했다면 아이는 뽀로로, 타요, 폴리, 번개맨 순서로 무한 애정을 보일 터. 그다음은 또봇이나 카봇, 터닝메카드, 디즈니 주인공들이다.

최근에는 만화 캐릭터 그림책이 꽤 많이 나왔다. 이것들이 강력하게 힘을 발휘하는 분야는 생활동화나 안전동화, 그리고 학습동화다. 쉽게 말해 '해야 할 것', '지켜야 할 것', '알아야 할 것'에서 만화 캐릭터의 힘을 빌리면 효과적이다(엄마가 잔소리할 일이 줄어든다). 요즘은 코코몽이 바른 생활을 알려주고 번개맨이 안전 생활을 얘기해주니 필요에 따라 선택하시길. 그림책을 싫어하는 아이라면 평소 좋아하는 만화 캐릭터의 그림책을 보여주시라. 제아무리 책 안 보는 아이라도 만화 캐릭터가 등장하면 눈에서 레이저가 나온다.

Q 만화 캐릭터책, 어떤 것을 살까?

Q 한글, 영어 쌍둥이책이 있다던데?

영어 교육에 관심이 많은 엄마들의 책장을 살피면 '쌍둥이책'이 꽤 많다. 출판사에서 처음부터 똑같은 내용의 그림책을 우리말과 영어로 출간하거나, 엄마들이 번역된 그림책의 영어 원서를 따로 구입해서 짝을 맞추기도 한다. 이와 같은 쌍둥이책 그림책 시리즈로는 '마녀 위니', '코끼리와 꿀꿀이' 등이 있고, 전집에는 '구름빵 상상나라', '까이유', '올챙이 그림책'이 있으며, 단행본으로는 『누가 내 머리에 똥 쌌어?』, 『곰 사냥을 떠나자』, 『내 토끼 어딨어?』, 『안 돼, 데이빗!』, 『지각대장 존』, 『갈색 곰아, 갈색 곰아, 무엇을 보고 있니?』 등이 꼽힌다. 단행본의 경우 영미권에서 유명한 작가의 그림책은 대부분 원서 구입이 가능하다.

Q 서점에서 책을 사면 좋다는데, 정말일까?

아이가 책에 대한 '모든 경험'을 할 수 있는 곳이 서점이다. ① 다양한 책 사이를 거닐다, ② 자기가 원하는 책을 발견하고, ③ 그 책을 사서(자기 소유), ④ 집에서 읽는 과정을 다 체험한다는 얘기다. 반면 인터넷에서 책을 사면 다양한 책을 탐색하거나 스스로 골라내는 재미가 생략된다.

서점에 갈 때는 몇 가지 기준이 필요하다. 날짜나 요일을 정해서 가되 아이가 원하는 책이 있다면 조건 없이 사준다. 장난감이 달렸든 표지가 유치하든 아이의 선택을 무조건 존중한다(최악은 아이가 고른 책을 빼앗고 엄마가 고른 책을 억지로 손에 쥐어주는 일이다). 그러다 말이 통하는 너덧 살이 되면 서점에 가기 전에 약속을 한다. "서점에 가면 엄마가 책을 사줄 거야. 단, 장난감이 붙어 있는 책은 안 돼."

초등 입학을 염두에 둔 실용적인 책 읽기.
융합 독서와 독후 활동, 유아 독서의 최고봉인 한글 떼기까지
유치원생 아이를 둔 엄마들을 위한 그림책 확장 편.

5~7세

그림책과
선행 사이

★

유치원 공개 수업일. 햇살 쏟아지는 유치원 교실에 20명 남짓의 다섯 살 아이들이 올망졸망 앉아 있다. 앗! 저기 있다. 첫걸음을 뗀 게 엊그제 같은데 벌써 단체 생활을 시작한 아이가 노안에도 불구하고 자동 확대되어 시선에 잡혔다. 새벽에 일어나 수유하던 일이며 열이 펄펄 끓어 응급실로 달려갔던 기억이 한순간에 생각나면서 가슴이 뭉클해졌다. (유치원이긴 하나) 내가 학부모가 되다니!

공개 수업은 '아이는 유치원에서 잘 지냅니다. 걱정하지 마세요' 이야기를 3시간에 걸쳐 보여주는 행사다. 허나 어떤 스토리든 번외 편이 존재하듯 아이들의 공개 수업을 보고 나면 부모들의 마음이 왠지 심란해진다. 내 아이만 보면 신통방통 온통 감탄스럽기만 한데 앞집 옆집 뒷집 아이를 다 모아놓으니 좀 튀거나 부족한 점이 보인다.

선생님이 "오늘이 몇 월 며칠이죠?"라고 물으면 멍 때리는 아이들 틈에서 큰 목소리로 정답을 말하거나 텔레비전 화면에 글자가 나오면 단번에 읽어내 '나 한글 알아요'를 증명하는 아이가 있다. 영어 시간은 또 어떤가. 엄마들조차 알아듣기 어려운 초광속 본토 발음을 신통하게 따라잡는 아이가, 신기하게도 한 반에 한두 명은 꼭 있다. 상황이 이렇다 보니 유치원 교실에 들어갈 때와 나올 때 엄마들의 머릿속에서는 두 가지 서로 다른 생각이 교차한다. '이렇게 자라다니 정말 기특해!' (몇 초 뒤) '가만, 옆집 아이에 비해 내 아이는 얼마나 하나?'

사실 이런 이중적인 기분이 처음은 아니었다. 돌아보면 정신이 번쩍 든 첫 경쟁은 유치원 입학을 준비하면서였다. 수업료가 무료인 공립 유치원은 아예 넘보지도 못하는데다 동네에서 인기 있는 사립 유치원은 높은 경쟁률을 뚫어야만 겨우 보낼 수 있었으니까 (내가 지원한 유치원의 다섯 살 반은 10:1의 경쟁률을 자랑했다). 아이가 다섯 살만 되어도 대한민국의 많은 부모들은 입학도 하기 전부터 꽤 잦은 탈락을 경험하고, 그 사이 경쟁 구조의 교육 현실에 눈을 뜬다.

상상과 꿈을 심어주는 그림책? 더 이상 이런 문구는 통하지 않는다. 이제 부모들은 아이의 우뇌를 자극하기 위해서 혹은 상상 주머니를 한껏 부풀리기 위해서 책장을 채우지 않는다. 대신 초등학교에서 활용도가 높은 교육 과정 연계 책들을 사들이는 데 집중하거나 한글 떼기에 에너지를 사용한다. 북유럽 엄마 흉내를

내며 여유를 부리던 사람들도 아이가 유치원에 가서 단체 생활을 시작하면 서둘러 학습지를 신청하거나 학원을 알아본다. 너무 일찌감치 경쟁과 비교, 탈락을 맛본 부모들은 이제 '눈에 보이는 효과에 집중하고 싶어 한다.

유치원 공개 수업이 있던 날 저녁, 아이와 그림책을 펼치는데 갑자기 유치원 추첨에서 떨어진 사람마냥 마음이 축 처지기 시작했다. 추첨을 기다리며 옆에 앉은 부모들이 내뱉었던 말, "지금도 이런 데 나중에 대학 입시 때는 장난 아니겠다", "옆집은 벌써 사교육을 3개나 시킨다잖아"와 같은 이야기가 노후화된 뇌를 묵직하게 눌러댔다. 지금 한가하게 그림책이나 읽어줘도 괜찮을까. 남들처럼 유명한 학원에 보내야 하지 않을까. 아, 왠지 잠이 오지 않았다.

유치원에 들어가면 책은 찬밥이다!

아이가 다섯 살이 되면 어린이집 상급반이든 유치원이든 저마다 단체 생활을 시작한다. 엄마들에게 왜 다섯 살이냐고 이유를 물어보면 세 가지가 나온다. ① 유명한 유치원은 6세에 자리가 없으니까 지금 들어가야죠. ② 이젠 뭔가 배워야 하지 않겠어요? ③ 유치원에 가야 정기적으로 놀 친구가 생기지요. 경험상 유치원에 들어갈 때는 ①, ②번을 염두에 두지만 막상 다녀보면 ③번이 절실히 다가온다. 어디 친구랑 놀기뿐일까. 아이가 유치원에 들어가면 해야 할 것들이 늘어나 갑자기 일상생활이 바빠진다. 그러니까 '아이가 유치원에 들어갔어요'라는 말에는 다음 세 가지가 묶음 포장되며, 그림책이 주인공이던 일상을 툭툭 밀어낸다.

놀이터 생활이 본격화된다

아파트 단지끼리, 유치원 버스 노선끼리 아이들이 삼삼오오 뭉치면서 놀이터 시대가 개막된다. 놀이터에서 만난다고 다 친구가 되는 것은 아니다. 하루 일정이 비슷하게 돌아가야 친구 맺기가 가능한데, 특히 유치원 하원 시간이 가장 중요하다. 엄마들이 모였을 때 자연스럽게 "내일 현장 학습 가는 거 맞죠?" 정도의 이야기가 나와야 친분 지수가 확 올라간다. 아이 발달상 또래끼리 어울려 놀기에도 적당하다. 서너 살 아이들은 모여 있어도 따로 놀지만 다섯 살을 넘기면 또래끼리 집단 놀이를 즐긴다. "술래잡기할 사람 여기 붙어라!" 누군가 엄지를 빼쭉 내밀면 주변에 있던 아이들이 죄다 들러붙는다. 6, 7세가 되면? 끼리끼리 놀지 못해 안달이 난다.

일상에 만화가 턱 들어온다

엄마가 저녁을 준비하면서부터 식사를 마친 뒤까지, 이른바 '만화 타임'이 떡하니 자리를 잡는다. 아이의 명석함도 만화 보기에 재빠르게 적응해, 딱 한 번 알려주었을 뿐인데 리모컨 숫자를 꾹꾹 눌러대며 기막히게 만화 채널을 찾아낸다. 집에 텔레비전이 없는 아이에게도 만화는 딴 나라 얘기가 아니다. 앞집 옆집 뒷집 서로 오가며 놀다 보니 다른 아이들이 무슨 만화를 보고 어떤 장난감을 사는지 훤히 꿴다. 아이들이 자주 하는 얘기가 만화 줄거리인 데다 또래에게 자신을 강하게 어필하는 방법이 (만화에 나오는) 장난감이나 인형을 들이미는 일이다.

사교육이 꽃핀다

놀이터에서 한창 놀던 아이들이 사라지는 순간이 있다. 엄마들 입에서 "영어 선생님 오실 시간이야!", "태권도 차 타야지!", "미술 수업 하는 거 잊었니?" 등의 얘기가 나올 때다. 유치원생이 되면 '안 하던 아이'도 사교육에 발을 들인다. 사교육의 종류도 태권도, 축구, 수영, 미술, 발레, 피아노, 바둑 등의 예체능과 영어, 수학, 국어(논술)와 같은 학습까지 얼핏 생각해도 열 손가락이 금방 찬다. 아이들의 오후 일정은 놀이터에서 놀다가 학원 버스에 타든지, 학습지 선생님과 상봉하든지 둘 중 하나다. 아니, 벌써부터 너무 유난 떠는 거 아니냐고? 나도 아이가 한두 살 때에는 '유치원생이 무슨 사교육이야?'라고 시니컬하게 생각했지만 지금은 주변 엄마들에게 이렇게 말한다. "어머머, 태권도하고 발레가 무슨 사교육이야? 놀러 다니는 거지!"

'할 일'이 늘어나면 책 읽기는 뒤로 쭉 밀리기 마련이다. 우리 집도 예외는 아니어서 아이가 단체 생활을 시작하자 하루 분량의 에너지가 온통 '유치원 적응하기'에 사용되었다. 아이는 오전 9시면 노란 버스에 올라탔다 오후가 되어야 돌아왔고, 나는 매주 냉장고에 가정 통신문을 붙이며 '진짜' 엄마 노릇이라도 하는 듯 어깨에 힘을 주었다. 당연히 우리 집에서 책 읽기는 뒤로 훅 밀려났고 책장의 책들은 어느새 가구처럼 다가왔다. 하루 시간의 반을 유치원에 뚝 떼어주고 나머지 시간에 놀이터에서 놀고 밥 먹고 씻고 자려니 당연했다. 심지어 가정 보육을 하다 유치원에 보냈더니 다섯 살에는 온갖 감염 질환을 죄다 몸에 달고 와서 유치원만

큰 소아과에 자주 출근했다.

자, 아이가 유치원에 들어가서도 그림책을 쭉 즐기려면 부모에게는 다음과 같은 셈이 필요하다.

낮에 충분히 놀기

이상하게 들리겠지만 가장 현실적인 조언은 '놀이터에서 충분히 놀려라'이다. 집에다 앉혀놓고 책을 읽어줘도 시원찮을 판에 무슨 놀이터? 이게 말이 될까? 신기하게도 아이를 키울수록 말이 된다. 그림책이란 어차피 간접 체험. 낮 시간에 직접 체험을 많이 해야 책을 더 실감나게 본다. 낮에 사마귀를 본 아이가 자연관찰책을 집중해서 읽고 놀이터에서 친구와 싸운 아이가 생활동화에 감정을 이입한다.

이맘때 아이들은 부모가 감당하기 힘든 특유의 에너지가 있다. 뜀박질을 하든 역할놀이를 하든 끼리끼리 어울리며 에너지를 방출해야 한다. 행여나 아이가 낮에 에너지를 발산하지 못한다면 밤 시간에 침대에서 마구 뛰거나 이유 없이 징징댈지도 모른다. '나는 제대로 못 놀았다구요'라고 항변하듯! 그리하여 선배 엄마들은 말했다. 낮에 햇빛 받으며 잘 논 아이가 밤에 책도 잘 본다.

책 식욕을 올려줄 새 책

간혹 모르는 단어나 배경이 나오기는 해도 이제 아이는 책의 줄거리를 제법 잘 따라간다. 기본적인 이해 수준이 높아져 자신이 좋아하는 몇 권을 제외하면 똑같은 책을 주야장천 반복하지도 않는다. 오히려 익숙한 책보다 도서관에서 빌린 책이나 새로 산 책에 흥미를 보인다.

아이의 독서 식욕을 올리고 싶다면 집 안에 재미있는 책, 새로운 책이 있어야 한다. 생각해보면 만화야말로 아이들에게 새로운 이야기를 계속 방출하는 동시에 마트에 장난감을 비치하는 등의 협공 전략을 교묘하게 구사하지 않던가. 책도 마찬가지다. 도서관에서 빌리든, 업체에서 대여하든, 중고로 구입하든 가정 상황에 맞춰 '새로운' 책을 보여줘야 한다. 경험상 아이에게 가장 소중한 장난감은 오늘 산 장난감이고, 가장 재밌는 책은 오늘 산(혹은 빌린) 그림책이다.

Minus
사교육과 디지털 자극을 확 줄인다

유치원에 가면 하루의 반이 싹 사라진다. 여기에 예습이나 복습이 필요한 사교육까지 몇 가지 더하면 책에 쓸 에너지가 바닥난다. 정 사교육을 한다면 예체능 위주로 하되 그 시간을 확 줄여야 맞다. 돈 가는 데 에너지가 모이는 법. 그림책 읽기야 특별히 수업료를 내지도 않고 잘했는지 검사하는 사람도 없으니 하루 이틀 건너뛰면 금방 잊힌다.

아이가 책을 보려면 하루 일정이 단순할수록, 여유 시간이 많을수록 유리하다. 예컨대 유치원에 갔다 오면 빈둥거릴 시간이 붙박이처럼 끼어 있어야 한다. 아무것도 하지 않는 시간, 멍 때리는 시간, 몸 굴리며 "아, 심심해!"라고 말할 수 있는 시간 말이다. 아이는 몇 번 옆 구르기를 하다 분명 그림책을 집어 들 것이다!

아이들이
홀딱 빠지는
이야기

부모에게는 그림책이 과학동화, 수학동화, 명작동화, 창작동화 등으로 나뉘지만 아이들에게 책은 오로지 두 가지다. 재미있는 책과 재미없는 책. 아이들의 손놀림은 유명 화가의 그것과 비슷해 그림책의 표지와 내지만 슬쩍 보고도 재미있겠다, 재미없겠다 선이 딱 그어진다. 요맘때 아이들은 기본적으로 이야기 중심인 명작과 전래를 재미있게 보고 흥미로운 지식책도 꽤 즐긴다. 관심 목록에 새롭게 추가되는 항목은 다음과 같다.

친구책

5~7세는 아이의 사회성이 발달하는 시기다. 또래끼리 집단놀이를 즐기는 동시에 성별에 따른 소속감이 강해진다. 남녀에 따라 친구 맺기 방식도 다르다. 남자아이들은 처음 만나도 '놀이'가 같으면 잘 어울리지만 여자아이들은 '관계'를 우선시한다.

남녀 불문 친구 문제에 가장 예민한 시기는 예닐곱 살. 남자아이들 사이에서 힘겨루기가 시작되고 여자아이들의 짝꿍 맺기가 진행되면서 친구 때문에 웃고 우는 날들이 이어진다. 장난감 쟁탈전부터 단짝 관계까지, 어른들의 생각보다 아이들의 친구 관계는 훨씬 복잡하다. 내 아이가 A라는 친구를 좋아하는데 A는 B랑 붙어 다닌다. 종종 A와 B가 내 아이를 따돌린다면 상황은 자못 심각해진다. 셋이 오순도순 같이 지낸다면 좋겠지만 아이들이란 체면치레하는 어른들보다 훨씬 잔인한 구석이 있다.

다행히 아이들은 책 속 주인공들이 싸우다 화해하는 모습을 통해 해결 및 공감 능력을 배운다. 친구 사귀기, 양보하기, 화해하기 등이 친구책의 주된 이야기. 여기에 서로 몸집이나 모습이 달라도 우정을 쌓을 수 있다는 이야기가 추가된다.

『무지개 물고기』
마르쿠스 피스터
시공주니어

어린이집이나 유치원 미술 시간에 꼭 한 번씩 '무지개 물고기'를 만들만큼 세계적으로 유명한 책이다. 자신의 빛나는 비늘을 친구들에게 떼어 주면서 행복을 '함께' 누린다는 이야기. 하루 종일 "내 거야!"를 외치는 아이에게 읽어주면 좋다. 책이 인기를 얻으면서 '무지개 물고기' 시리즈가 7권으로 나왔다.

『우리 친구하자』
쓰쓰이 요리코 글
하야시 아키코 그림
한림출판사

낯선 곳에 이사 간 아름이가 쪽지 한 장과 종이 인형을 받으면서 새로운 친구를 사귀게 된다. 쑥스러운 듯 마주했던 두 여자아이가 금세 신나게 노는 모습 속에서 아이들의 순수한 우정이 느껴진다. 우리나라에 마니아층이 있을 만큼 유명한 그림 작가 하야시 아키코의 작품이다.

『친구가 된 먹구름과 개구리』
나효주
숨쉬는책공장

먹구름은 해에게, 구름에게, 달에게 다가가 친구가 되자고 한다. 하지만 다들 이런저런 이유를 대면서 손사래를 친다. 친구를 한 명도 사귀지 못한 먹구름은 속상해서 결국 세상에 비를 마구 뿌려댄다. 오직 검은색과 하얀색만 사용해서 그림을 그려낸 독특한 책이다.

『비클의 모험』
댄 샌탯
아르볼

어린 시절에만 존재한다는 '상상 친구'에 대한 책. 이야기는 상상 친구인 비클이 (아이들이 자신을 찾지 않자) 어린이 친구를 직접 찾아간다는 것이다. 영화 〈인사이드 아웃Inside Out〉의 '빙봉'에 울고 웃었다면 '비클' 역시 사랑할 수밖에 없을 것이다. 무엇보다 색감이 화려하고 아름답다. 2015년 칼데콧 상 수상작.

『내가 앞에 설래!』
나딘 브랭 코즈므 글
올리비에 탈레크 그림
아름다운사람들

세 친구가 길을 떠난다. 덩치가 가장 큰 털북숭이 친구가 항상 맨 앞에서 걷는다. 그러다가 뒤따르던 친구들이 말한다. "내가 앞에 설래." 과연 세 친구는 모두 행복할 만한 방법을 찾게 될까. 친구끼리 좋은 관계를 유지하고 싶을 때 어떻게 하면 되는지 알려주는 책이다.

무지개 물고기

민들레 사자 댄디라이언

우리 친구하자

친구가 된 먹구름과 개구리

괴물들이 사는 나라

두근두근

비클의 모험

비클의 모험

엄마가 알을 낳았대!

여우 나무

우리 친구하자

안 돼, 낯선 사람이야!

괴물책, 유령책

아이들의 상상력은 서너 살부터 발달하다 괴물, 유령, 마법, 해적, 거인, 마술사와 같은 존재에 관심을 보인다. 엄마가 시키지 않았는데도 밤이면 방문을 꼭 닫거나 어두운 거실에서 후다닥 뛰어오면서 "엄마, 무서워!", "유령이 쫓아와!"라고 외치기도 한다. 머릿속에 추상적인 존재를 만들어낸다는 건 아이의 상상력이 발달한다는 좋은 증거다.

아이들은 자극적인 대상을 무서워하는 동시에 흥미를 보인다. 다행히도 요맘때 그림책 속 괴물들은 외모는 괴팍하게 생겼지만 알고 보면 마음이 약하거나 따뜻한 존재. 막상 그림책을 읽고 나면 '어, 별로 무섭지 않은데?', '나랑 별다르지 않잖아!', '친구하고 싶어' 등과 같은 생각이 든다.

『슈렉』
윌리엄 스타이그
㈜비룡소

영화 〈슈렉Shrek〉의 원작 그림책. 주인공이라곤 못생긴 슈렉과 더 못생긴 공주가 전부지만 항상 당당한 모습이 매력적이다. 입을 열 때마다 "역겨운 냄새 한번 좋다"와 같이 고약하게 말하지만 그 솔직함에 아이들은 더 매력을 느낀다.

『정말 정말 한심한 괴물, 레오나르도』
모 윌렘스
웅진주니어

세상에서 가장 무서운 괴물이 되고 싶은 '귀여운 괴물' 레오나르도가 울보 아이에게 다가가 온갖 겁을 주지만 결국 서로의 단짝이 된다는 줄거리. 독특한 괴물이 여럿 나와서 괴물책으로 분류했지만 결말을 보면 따뜻한 친구책처럼 다가온다. 괴물이나 유령을 무서워하는 아이에게 추천.

『유령의 집에 놀러오세요!』
가즈노 고하라
아이맘

용감한 꼬마 여자아이가 유령의 집에 이사를 온다. 아이가 무서워서 벌벌 떨겠지 생각한다면 오산. 아이는 유령을 죄다 잡아다가 세탁기에 넣어 깨끗이 목욕을 시키고는 커튼과 식탁보, 이불로 사용하면서 행복하게 산다. 책을 읽고 나면 유령이 무섭기는커녕 귀엽고 포근하게 느껴진다.

『괴물들이 사는 나라』
모리스 샌닥
시공주니어

늑대 옷을 입고 장난치다 괴물 나라로 가게 된 맥스의 이야기. 당시 이 책이 칼데콧 상을 수상한 데에는 그림책의 완성도와 더불어 아이의 마음을 솔직하게 표현한 것이 이유였다(자신을 혼내는 엄마에게 심술궂은 표정을 하고는 "잡아먹어버릴 거야!"라고 말한다). 반항적이고 제멋대로인 아이가 다양한 괴물들과 어울리는 모습이 흥미롭다.

괴물들이 사는 나라

모리스 샌닥 그림/글 · 강무홍 옮김

『해적』
다시마 세이조
한림출판사

남자아이들이 유독 좋아하는 대상인 해적이 주인공이다. 눈도 하나, 팔도 하나, 다리도 하나지만 전혀 무섭지 않다. 외려 주인공 해적은 인어와 사랑에 빠지는 순수한 마음을 가졌다. 다소 무서운 해적을 밝은 색채로 표현했으며 환경 오염 문제를 이야기에 녹여냈다.

자존감책

단체 생활을 시작하면서 엄마들이 가장 고민하는 부분이 바로 아이의 자존감. 내 아이가 낯선 상황에서 두려워하지 않고 무엇이든 잘해내면 좋겠지만 현실에서는 부끄러워하거나 낯설어하거나 뒤로 숨기도 한다.

아이의 성격은 단번에 고쳐지는 무엇이 아니다. 지금은 아이가 환경에 적응하면서 지속적인 성취 경험을 갖도록 지지해주는 것이 우선이다. 작고 소소하지만 스스로 무엇인가 해내는 경험이 쌓일수록 아이의 자존감은 커진다. 더불어 아이가 자신의 모습 그대로를 사랑할 수 있도록 좋은 그림책을 보여준다. 소심하건, 대범하건 혹은 피부색이 다르건 각자는 존재 자체로 빛난다는 것이 자존감을 다룬 그림책의 핵심이다.

『난 네가 부러워』
영민
뜨인돌어린이

겁이 많은 아이, 눈물이 많은 아이, 산만한 아이 등 책에 등장하는 주인공들은 다들 뭔가 부족하다. 하지만 단점을 뒤집어보면 어떨까. 겁이 많은 아이는 조심성이 있고 눈물이 많은 아이는 감정이 풍부하며 산만한 아이는 활달하다. 단점과 장점은 언제나 뒤집기가 가능하다는 메시지를 전해준다.

『민들레 사자 댄디라이언』
리지 핀레이
책속물고기

조용한 반에 무지막지하게 '튀는' 노란 사자가 전학 오면서 벌어지는 이야기. 단체 생활을 시작하면서 튀는 걸 싫어하고 남들과 똑같이 행동하려는 아이에게 "넌 너다울 때 가장 멋져!"라고 말해준다. 참, 주인공 사자가 친구들 얘기에 상처받고 말끔해지기 위해 털을 곱게 묶은 장면에서는 분명 웃음이 빵 터질 것이다.

『두근두근』
이석구
고래이야기

주인공 브레드 아저씨는 누가 말을 걸어올까 두려워 마을에서 외떨어진 숲에서 빵을 만들며 살아가는 부끄럼쟁이다. 하지만 맛있는 빵 냄새를 맡고 찾아온 동물 친구들에게 조금씩 마음을 열기 시작한다. 브레드 아저씨의 마음이 부끄러워하는 '두근두근'에서 설레는 '두근두근'으로 바뀌는 과정을 담았다.

민들레 사자 댄디라이언

두근두근

『내가 참 좋아!』
강경수
소담주니어

유치원에서 돌아온 아이가 친구에게 놀림을 받았다며 속상해한다. 한번쯤 겪을 만한 상황에서 엄마가 아이의 자존감을 어떻게 올려줘야 할지를 그림책에 담았다. 해답은 내 아이만의 특별한 점을 찾아서 발견하는 것이다.

『강아지똥』
권정생 글 정승각 그림
길벗어린이

다들 더럽다며 손사래 치는 강아지똥에 대한 이야기. 세상에서 소외되고 버림받은 존재라도 분명 가치가 있다는 이야기를 가장 한국적인 정서로 풀어냈다. 우리는 존재 자체만으로도 아름답다고 말한다.

성교육책

오스트리아의 정신 분석학자 지그문트 프로이트Sigmund Freud는 유아기를 구강기, 항문기, 남근기로 나누고 쾌감을 받는 부위에 따른 정서 발달을 주장했다. 보통 2세까지는 입으로 빠는 것으로 쾌감을 느끼는 구강기, 2~4세는 배설을 하면서 쾌감을 느끼는 항문기, 4~6세는 남녀의 성기 차이를 인식하고 성기로 쾌감을 느끼는 남근기라 보았다. 프로이트의 말을 증명이라도 하듯 아이들은 너덧 살부터 성별을 인식하고 관심을 보인다. 목욕을 하면서 엄마 아빠의 몸이 다른 것을 확인하고 나와 친구의 몸이 다른 것을 안다. 우리 집에서도 아이가 다섯 살을 넘기면서 호기심 가득한 질문들이 쏟아졌다. "엄마는 도대체 쉬가 어디서 나오는 거야? 똥꼬에서 나오는 거야?"
성적 호기심은 성별 소속감을 갖는 시기와도 맞아떨어진다. 6세만 되어도 아이들은 "이건 남자놀이야!", "여자끼리 놀 거야!"라고 얘기하면서 끼리끼리 어울린다. 유치원에서도 아이들이 남녀 차이를 알고 성별 소속감을 느끼는 시기부터 유아 대상 성교육을 실시한다. 성에 대한 그림책은 ① 남녀의 몸 차이를 알려준다, ② 아이가 어떻게 태어나는지 알려준다, ③ 몸을 소중하게 여겨야 한다(유괴와 성폭행 포함) 등의 주제를 다룬다.

『내 동생이 태어났어』
정지영, 정혜영
(주)비룡소

아이가 "엄마, 난 어떻게 태어난 거야?"라고 묻기 시작할 때 보여주면 좋다. 아빠의 정자가 엄마의 자궁 속에서 아이가 되고 그 속에서 자라다 세상에 나오기까지의 과정을 담았다. 비룡소의 성교육 시리즈 3편 중 하나.

『벌거숭이 벌거숭이』
야규 겐이치로
한림출판사

쉽고 재미있게 이야기를 풀어가는 야규 겐이치로의 신체그림책. 성에 따른 몸의 차이나 어른이 되었을 때의 변화 등을 차례차례 설명해준다. 아이들이 신체에 대해 궁금해하거나 남녀 구별을 할 때 읽으면 이롭다.

『윌리는 어디로 갔을까?』
니콜라스 앨런
럭스키즈

3억 개 중 하나인, 조그만 정자 윌리가 주인공이다. 수학은 못해도 수영은 정말 잘하는 윌리가 중요한 대회에서 멋진 솜씨를 뽐내며 1등을 한다. 상은 예쁜 난자와 만나는 것. 그러자 신기한 일이 벌어진다. 정자와 난자가 만나 생명이 탄생하는 과정을 유쾌하게 풀어냈다.

『엄마가 알을 낳았대!』
배빗 콜
보림

부모에게는 너무나 민망한 '성' 이야기가 유머러스한 작가를 통해 유쾌한 이야기로 변신했다. 아이들이 궁금해하는 이야기가 죄다 그림으로 구체화되었음에도 불구하고 책을 읽어주는 엄마가 낯부끄럽지 않은 것이 장점. 부모들의 합궁 장면은 정말이지 버라이어티하다.

『안 돼, 낯선 사람이야!』
김리라 글 김효진 그림
문학동네어린이

아이들을 위한 성교육에는 낯선 사람을 따라가지 않는 것까지 포함된다. 이 책은 문학동네에서 6~8세 아이들을 위해 펴낸 '6·7·8 안전그림책' 시리즈 중 하나로 유괴를 주제로 다루고 있다. 왜 낯선 사람을 따라가면 안 되는지 남자아이와 여자아이, 각각의 관점에서 설명한다.

엄마가 알을 낳았대!

안 돼, 낯선 사람이야!

죽음책

서너 살에는 죽음을 막연하게 대하지만, 여섯 살이 되면 논리성이 발달해 개는 15년 살다가 죽고 사람은 80년 살다 죽는다는 걸 이해하고 왜 죽어야 하는지 궁금해한다. 감성적인 내 아들도 다섯 살부터 '죽음'에 대해 묻기 시작했다. "엄마도 죽어?", "왜 사람은 계속 살지 않고 죽는 거야?", "죽으면 어떻게 되는 거야?" 아이가 이런 질문을 던질 때마다 나는 이토록 철학적인 이야기에 어떻게 답할지 고민했다.

아스트리드 린드그렌 상 심사 위원인 래리 렘퍼트Larry Lempert는 유아들이 보는 그림책에서 이별이나 죽음이란 주제를 다뤄야 하냐는 질문에 이렇게 답했다.

이별, 죽음, 즐거움, 사랑은 우리 주변에 항상 존재하는 삶의 일부가 되는 주제입니다. … (중략) … 어른들은 특정 상황이 발생했을 때 아이들 혼자 생각하도록 내버려두지 말고, 이런 주제에 대해 아이들과 토론하고 감정을 공유할 필요가 있어요. 결국 나이는 중요한 것이 아니죠. 책을 소리 내어 읽거나 함께 읽으면서 생각과 반응을 공유함으로써 우리는 아이들에게 자신만의 생각과 감정을 다룰 수 있는 기회를 주는 것입니다.
– 편집부, 『리틀 빅 북』

부모는 아이가 밝은 감정만 가지길 원하지만 아이가 '성장'한다는 것은 다양한 감정과 경험을 쌓는 과정이다. 최근 몇 년 사이 '죽음'을 다룬 그림책이 많이 출간되었으니 아이와 함께 읽고 이야기를 나눠보면 좋을 것이다.

『여우 나무』
브리타 테켄트럽
봄봄

눈이 내리는 날, 여우가 웅크리고 영원한 잠에 빠진다. 동물 친구들은 하나둘 여우 곁에 모여 따뜻했던 추억을 이야기한다. 그때 여우가 있던 자리에 여우의 털빛을 닮은 오렌지색 나무가 자란다. 죽음을 따뜻한 추억으로 표현하는 동시에 죽음과 탄생이 맞물려 있다는 사실을 아름답게 표현했다.

『오소리의 이별 선물』
수잔 발리
보물창고

나이가 들어 죽음을 맞이한 오소리는 친구들에게 편지를 남긴다. 오소리가 세상을 떠난 뒤 친구들은 슬픔에 겨워하지만 곧 겨울이 가고 봄이 온다. 다시 모인 동물 친구들은 과거 오소리가 해 주었던 이야기나 종이접기나 첫걸음 떼기를 가르쳐준 것을 떠올리며 행복에 젖는다. 죽음의 의미를 따뜻하게 알려주는 책.

여우 나무

오소리의 이별 선물

『집으로 가는 길』
하이로 부이트라고 글
라파엘 요크탱 그림
노란상상

한 소녀가 사자에게 "우리 집까지 같이 가줄래"라고 부탁한다. 소녀는 든든한 사자와 함께 어려움을 극복해가며 겨우 집에 도착한다. 과연 사자는 누구일까? 마지막 페이지, 잠든 소녀 옆에 있는 액자 속 사진에 사자의 진짜 모습이 담겨 있다.

『마음이 아플까봐』
올리버 제퍼스
아름다운사람들

한 소녀가 갑자기 할아버지와 이별을 한다. 모든 것이 두려운 소녀는 마음을 떼어서 유리병에 넣어버린다. 이제 소녀는 마음이 아프지 않을까. 요맘때 겪을 수 있는 조부모와의 이별을 아이의 시선에서 풀어간다. 눈에 보이지 않는 마음을 '유리병에 심장을 담는 모습'으로 구체화한 것이 인상적이다.

『죽으면 어떻게 돼요?』
페르닐라 스탈펠트
시금치

아이들은 죽음에 대해 굉장히 구체적이고 사실적인 이야기를 원한다. "하늘나라로 가는 거야"라는 막연한 대답이 영 석연치 않은 것이다. 이 책은 죽음이 무엇이고, 어떻게 되는지, 사람들은 어떻게 생각하는지 다양한 생각을 사실적으로 담았다. 예컨대 '사람이나 동식물이 죽으면 더 이상 먹지 못하고 똥과 오줌을 눌 수 없는 것'이라고 말한다. 6세 이상이 읽기에 좋다.

그림책 지도와
책장갈이의 기준

아이가 5, 6세가 되면 엄마들은 어떤 책을 살까 고민하기보다 책을 어디에 둘까 걱정한다. 책장은 이미 포화 상태. 이제까지 사들인 책들이 책장을 잠식하고 있으니 새로운 책이 끼어들 여유가 없다. 집 평수야 다들 거기서 거기고 수납공간도 한계가 있으니 엄마들은 슬슬 책 솎아내기 혹은 책장갈이에 나선다. 잠깐, 이쯤에서 5, 6, 7세 엄마들에게 유용한 그림책 분류도를 살펴보자. 옆집 엄마가 책에 대해 묻는다면 아래 범주에 속할 것이다. "수학동화 어때요?"라던가 "경제동화 샀어요?"라는 말처럼.

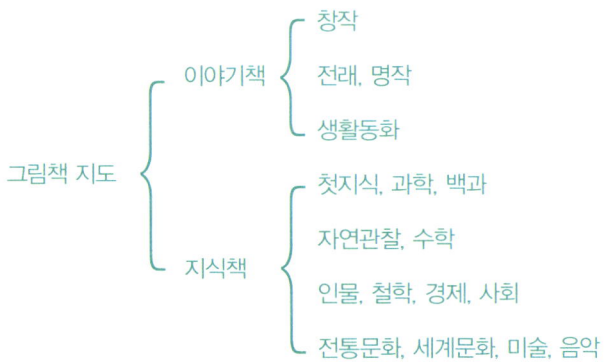

요즘은 초등 저학년에서 배우는 영역이 세분화되어 대부분 그림책으로 출간되는 분위기다. 다들 말만 안 하지 5, 6세부터 그림책은 선행의 기수. 이왕 읽히는 거 초등 교과서에 나오는 내용을 읽히자 싶다. 문제는 이 많은 영역 중에서 '무엇'을 책장에 넣어줄 것인가에 있다. 시중에 나와 있는 영역을 다 사자니 부담스럽고 건너뛰자니 불안하며 무엇을 꼽자니 기준이 흔들린다.

나는 선생님이나 선배 엄마들에게 '지금 읽어야 할 책'의 종류를 물었고 나름 몇 가지를 추려냈다. 예컨대 아이가 유치원에 입학했다면, 심지어 6, 7세라면 다음의 책들이 효과적일 터. 기준은 아이의 읽기 패턴에서 비롯된다.

Type
**엉덩이 붙이고
수십 권을
읽어대죠!**

엄마들이 가장 이상형으로 꼽는다는 '세상에서 책이 가장 재밌어요' 유형이다. 환경과 기질이 절묘하게 맞아떨어져 어렸을 때부터 그림책 없이는 못 살겠다는 아이들이다. 책 읽기에 빠진 아이라면 굳이 '무엇'에 집착할 필요가 없다. 어차피 아이들에겐 책 식욕을 해결해줄 만한 다양한 읽을거리가 필요하다. 심지어 책 좋아하는 아이들일수록 책 편식조차 없다. 엄마의 할 일이라곤 다양하고 풍성한 책 환경을 조성해주는 것뿐. 단행본을 풍성하게 보여주든, 영역별 전집을 사들이든 상관없다. 비용이 부담된다면 출간 연도가 오래된 중고 전집을 선택하시라. 오래된 책이라고 선입견을 갖는 건 엄마일 뿐, 아이들은 출간 연도에 상관없이 재미있게 잘만 본다.

도서관이 집 근처에 있다면 정말이지 판타스틱한 환경이다. 애써 전집을 검색해서 집 안에 들였다가 되팔기를 반복할 필요가 없다. 아이 손잡고 도서관에 가면 끝. 아이는 책장 사이를 자유롭게 유람하면서 책 식욕을 해결할 것이다.

Type
책보다 만화를 더 좋아해요!

현실에서는 책보다 만화나 장난감을 사랑하는 아이들이 훨씬 많다. 책에 대한 흥미는 있지만 엉덩이 척 붙이고 앉아 주야장천 책장을 넘기지 못하는 부류에게는 6종 세트를 추천한다. 창작, 전래와 명작, 과학과 수학, 자연관찰을 기본으로 잡는다. 창작, 전래와 명작이 읽는 재미가 있다면 과학, 수학, 자연관찰은 지적 호기심을 채워준다. 초등 입학을 생각한다면 가장 기본이 되는 내용인데다 교과 연계도 강하다. 여기에 추상적 사고가 발달하는 6, 7세라면 사회, 세계문화, 전통문화 관련 그림책을 추가하는 정도가 적당하다. 당신도 아이가 7세가 되면 주변 엄마들에게 이런 이야기를 들을 것이다. "초등 3학년부터 시작되는 사회 과목이 그렇게 어렵다면서?", "전통문화책은 미리 읽혀둬야 나중에 아이가 기접하지 않는다고!"

Type
책을 너무 싫어해요!

아주 확고하게 책을 싫어하는 아이들이 있다. 얼마나 주관이 뚜렷한지 당신이 책장을 펼치면 산만하게 몸놀이를 시작하거나 다른 곳으로 달아날 가능성이 높다. 아이가 책을 싫어할수록, 아이가 초등에 가까워질수록 엄마들의 책 불안증이 심해진다. 이때 국어 학습지를 시키거나 논술 학원에 보내야겠다고 생각하겠지만 외려 천천히 가는 편이 효율적이다. 지금 아이에게 필요한 것은 책 읽는 재미. 남들이 무엇을 읽든, 어떤 영역이 좋다고 말하든 상관할 필요가 없다.

추천 1순위는 이야기에 감칠맛이 맴도는 전래, 명작, 창작이다. 전래와 명작은 이야기가 극적인데다 주인공의 선악이 분명해 읽는 재미가 강하다. 창작에서는 같은 주인공이 책마다 등장하는 캐릭터 시리즈나 전집을 추천한다. 캐릭터 시리즈의 특징은 ① 주인공이 아이의 흥미를 끈다. ② 재미있는 이야기가 계속 이어진다. ③ 한 권 읽다 열 권, 스무 권을 읽는다. 쉽게 말해 자연스럽게 지속적인 책 읽기가 가능하다는 얘기다. 개구쟁이 특공대, 바바파파, 지원이와 병관이, 까까똥꼬 시몽이 대표적이다.

요맘때 초등 대비한다면서 창작은 싹 빼버리고 지식책 위주로 책장을 채우는 엄마들이 있다. 엄마 마음이야 뿌듯할지 몰라도 '재미'가 우선인 아이들은 그림책에 흥미를 싹 거둘지도 모른다. (아이가 유독 좋아하는 주제가 아니라면) 책에 낯선 용어가 차지하는 비율이 높을수록, 설명이 많아질수록 책 읽는 재미는 줄어들 수밖에 없다. 지식책 전집에 자주 등장하는 이야기 패턴, 가령 명작의 뼈대를 채용하거나 마녀와 괴물, 사탕 등을 소재로 사용하는 것도 계속 읽다 보면 좀 물린다.

PS

다양한 책 읽기를 위한 부모들의 분투기

주제를 정해 뽑아오기

아이가 6세를 넘겼다면 책장에서 책 뽑아오기를 놀이화한다. "오늘은 동물에 대한 책을 읽을까?", "분홍색 표지의 책들을 가져올까?", "괴물책만 뽑아볼래?", (글자를 안다면) "제목에 '아'자가 들어간 책만 모아보자.", "책 제목이 다섯 글자가 넘는 책만 골라오자." 가정마다 아이에게 맞는 선정 방식을 고른다면 사고력과 탐색 기능 향상은 예약한 셈이다.

스티커 붙이기

아이를 키우는 엄마나 학원 선생님이 일찌감치 터득한 사실이 있다. 초등 저학년까지 아이들은 무조건 스티커와 경쟁에 집착한다는 것. 책 읽기에도 스티커 붙이기를 적용할 수 있다. 아이와 읽은 그림책 '책등(책장에 꽂았을 때 보이는 부분)'에 동그라미나 별 모양 스티커를 붙인다. 읽을 때마다 스티커를 붙이면 무엇을 읽었는지, 얼마나 읽었는지, 어떤 책을 선호하는지 한눈에 확인할 수 있다. "스티커가 붙지 않은 책이 있네. 오늘은 이 책들을 읽어볼까?" 엄마가 이렇게 말하면 아이는 스티커를 붙이기 위해서라도 얼른 책을 꺼내올 것이다.

반반 골라오기

엄마와 아이가 반반씩 책을 고른다. 아이에게 선택의 전권을 주는 것보다 다양한 책을 읽을 수 있다. 대개 아이는 재미나 흥미 위주로, 엄마는 아이에게 도움이 되는 책 위주로 고른다. "엄마, 내가 고른 책만 읽을 거야!"라고 아이가 말하면 부모는 더 태연하게 얘기해야 한다. "책 읽기는 햇살이랑 엄마랑 같이하는 거잖아. 엄마도 읽고 싶은 책이 있어."

실전 읽기 1

창작그림책 고르는 3가지 방법

아이들의 책 읽기는 초등 3학년부터 문고판으로 넘어간다. 글줄이 가득하고 삽화가 가끔 들어가는 책 말이다. '그림이 주인공인 그림책'을 읽는 시기라고 해봐야 지금부터 길어야 4~5년에 불과하다. 아름답고 독특한 그림책을 통해 상상력을 키우세요, 굳이 이렇게 강조하지 않더라도 창작을 즐길 시간은 많지 않다.

아이를 봐도 창작을 즐기기에 상황이 나쁘지 않다. 이제 아이는 (약간씩 이해하지 못하는 부분이 있을지언정) 못 읽을 이야기가 없다. 애매하게 끝나는 유럽의 그림책이나 세계적인 유명 작가의 책, 은유와 생략이 담긴 수상 작품까지 다양하게 즐긴다. 지식책을 읽어서 조금씩 세상 물정을 깨닫는 중이기는 하나 아직 아이들의 상상력은 생생하게 꿈틀댄다. 구름이 물방울의 모임이라는 지식책을 보면서 고개를 끄덕이는 동시에 거인이 구름 위를 경중경중 뛰어가는 『잭과 콩나무』를 보면서 마음을 졸인다. 아마도 아이가 초등학교에만 들어가도 이렇게 반문할 것이다(6세에서 7세로 넘어가는 시기만 되어도 슬슬 이렇게 말한다). "말도 안 돼! 거인이 어떻게 구름 위를 뛰어가?"

1 엄마들이 좋아하는 수상 작품

수상 작품은 세계적인 일러스트레이터가 그려내 그림이 아름다운데다 은유와 생략의 맛이 있다. 가만있자, 책장에서 칼데콧 상을 수상한 존 클라센의 『내 모자 어디 갔을까?』를 꺼내보자. 이야기 구성은 단순하지만 책장을 덮는 순간 새로운 궁금증이 솟구친다. 모자를 몰래 쓰고 간 토끼는 어떻게 된 거지? 설마 곰이 잡아먹었나? 그림책을 읽어주던 부모조차 궁금해진다. 독후 수다를 떤다면 이만한 그림책이 없다.

수상작 선정 이유야 주최 기관에 따라 다르겠지만 대개 작가의 새로운 시선이나 시도에 무게를 둔다. 그림이 멋지거나 신선하거나 혹은 이야기가 독특하거나 의미를 가지거나. 아이보다 엄마가 이야기에 매혹되거나 멋진 그림에 홀딱 반해서 '소장용'이라며 사들이는 까닭이다. 대표적인 그림책 상으로는 칼데콧 상, 라가치 상, 케이트 그린어웨이 상 등이 있다(그림책 상에 대한 자세한 내용은 '5~7세 그림책 읽기 Q&A'에서 확인할 것).

2 아이들이 더 좋아하는 캐릭터 그림책

유명 캐릭터 그림책도 선택의 기준이다. 탄생 국가에서 한바탕 인기몰이를 한 주인공들이 등장하는지라 아이들이 좋아한다. 우리나라 출신으로는 지원이와 병관이, 홍비와 홍시가 가장 눈에 띈다. 외국 출신으로는 바바파파, 찰리와 롤라, 올리비아, 마녀 위니, 까까똥꼬 시몽, 무민과 친구들, 코끼리와 꿀꿀이, 슈퍼보레, 타투와 파투 등이 있다. 과거까지 훑자면 나이가 꽤 많은 곰돌이 푸, 월리(월리를 찾아라), 미피도 있다.

수상 작품 그림책이 작가주의가 강하다면 캐릭터 그림책은 이야기가 중심이다. 주인공과 친구들이 매 권마다 등장해 아이들이 겪을 만한 생활과 상상 이야기를 펼친다. 엄마가 드라마를 보면서 판타지에 젖는 것처럼 아이들은 그림책을 통해 대리 만족을 느낀다. 캐릭터가 영어권 출신이라면 영어 원서나 CD, DVD를 구하기가 쉬워 영어 학습에 접목시키기도 수월하다.

3 마음의 안정제, 교과서 수록 도서

6~7세라면 '통합 교과 수록 도서', '초등 수록 도서'라는 타이틀이 붙은 그림책을 선택해도 좋다. 교과서에는 각 단원의 주제에 따라 그림책의 일부 내용이 발췌 및 요약되어 실려 있다. 예를 들어 앤서니 브라운의 『기분을 말해 봐!』는 1학년 1학기 국어책에 수록되어 있다. 엄마들이 생각하는 이상적인 모습이란 아이가 교과서를 읽다가 "내가 아는 이야기야!" 하며 눈이 휘둥그레지는 것이다. 교과서에는 일부 내용만 게재되니 이미 읽은 아이들이 내용을 더 깊게 파악한다는 셈도 깔린다.

그렇다고 선행에 대한 과한 기대는 하지 마시라. 초등 엄마들의 경험을 빌리자면 교과서 수록 도서를 미리 읽는다고 해서 그것이 학업에 절대적인 도움이 된다고 말하기는 어렵다. 아이가 아는 내용에 호기심을 보일 수도 있지만 소위 '나 알아 병'이 도져 수업 태도가 산만해지기도 하기 때문이다.

수상작이든 캐릭터책이든 유아기에는 창작을 풍성하게 읽는 것이 중요하다. 요즘 아이들이 처한 환경을 생각하면 더욱 그렇다. 지금은 인터넷을 통해 모든 문화가 공유되는 터, 대여섯 살만 돼도 아이들은 자극적이거나 파괴적인 영상과 이야기에 포위된다. 그렇다. 요즘 아이들은 부모와 막장 드라마를 보거나 형제자매와 인터넷 동영상을 보면서 어른들의 문화를 여과 없이 받아들인다. "칼로 죽인다.", "너는 키도 작고 가난하니까!", "돈만 있으면 된다." 아이들이 친구들끼리 이런 말을 주고받는 것도 당연하다. 기초적인 상상력 없이 어른들의 문화를 흡수, 흉내 내는 분위기다.
창작그림책은 어떤가. 아마도 아이들이 접할 수 있는 가장 순수한 문화가 아닐까. '아이가 이걸 봐도 될까?' 걱정할 일도 없는데다 과하게 자극적인 이야기도 없다. 어른들의 시선에서 썼다고는 하나 아이들을 최대한 고려해서 만들어낸 이야기니까 말이다. 상상력이니 재미니, 그런 것들을 죄다 생략한다고 해도 창작그림책의 미덕은 생각보다 크다.

구리와 구라 (구리와 구라의 빵 만들기)

까까똥꼬 시몽 (파스타만 먹을래!)

창작그림책 시리즈 및 전집

Searching Tip

> 재미있는 캐릭터들이 등장해 이야기를 끌고 가기에 웬만한 아이들이 잘 읽는다. 단, 아이마다 캐릭터에 대한 호불호가 갈릴 수 있으니 한꺼번에 시리즈 전부를 구입하지는 마시길.

'구리와 구라' 시리즈
한림출판사

들쥐 구리와 구라가 등장하는 일본 그림책. 이야기가 궁금하다면 『구리와 구라의 빵 만들기』부터 읽어볼 것. 숲에서 커다란 알을 발견한 구리와 구라가 빵을 만들어 동물들과 나눠 먹는 이야기가 흥미롭다. 특히 마지막에 깨진 알을 자동차로 사용하는 장면에서는 '아하' 감탄이 절로 나온다. 8권.

'까까똥꼬 시몽' 시리즈
한울림어린이

프랑스의 유명한 토끼 캐릭터 시몽. 전체적으로 굵은 선과 선명한 원색을 사용한데다 장난꾸러기 시몽의 얼굴 표정이 재미있어 아이들의 시선을 사로잡는다. 시리즈의 첫 번째 책 『까까똥꼬』는 무슨 말이든지 항상 똑같은 말로 대꾸하는 시몽의 이야기다('까까'는 프랑스어로 똥이란 뜻). 13권.

'지원이와 병관이' 시리즈
길벗어린이

고대영 작가가 본인 아이들의 이야기를 담아낸 그림책. 엄마들로부터 '어쩌면 우리 아이랑 이렇게 똑같을까!'라는 공감을 불러일으키면서 인기를 얻었다. 분홍색 돼지 수납함이나 얼룩 나비 고무공처럼 친숙한 물건이 그림책에 나와 밀착 지수를 한껏 끌어올린다. 거짓말, 용돈, 손톱 깨물기, 자전거 배우기 등의 이야기를 다뤘다. 12권.

코끼리와 꿀꿀이(나눠 먹을까? 말까?)

'코끼리와 꿀꿀이' 시리즈
푸른숲주니어

칼데콧 상을 수상한 모 윌렘스의 작품. 코끼리 '코보'와 돼지 '피기' 사이에서 벌어지는 에피소드가 재미있다. 『나눠 먹을까? 말까?』, 『오늘은 뭐하고 놀까?』, 『친구야, 슬퍼?』 등을 보면 알 수 있듯이 요맘때 아이들이 친구와 겪을 법한 이야기가 많다. 글줄이 적어서 6~7세가 읽기 독립을 할 때에도 유용하다. 10권.

'마녀 위니' 시리즈
㈜비룡소

1987년 어린이들이 직접 심사에 참여하는 '어린이 도서 상'을 받으면서 인기를 얻어 30여 개국에서 출간되었다. 부스스한 머리와 풀린 눈, 눈에 띄는 매부리코를 가진 마녀 위니가 주인공이다. 영어 원서도 인기가 많다. 18권.

'무민 그림동화' 시리즈
어린이작가정신

핀란드의 국민 동화 작가로 불리는 토베 얀손의 그림책 시리즈. 스웨덴의 그림책 작가 키티 크라우더Kitty Crowther가 '할머니가 걸걸한 목소리로 무민 시리즈를 그린 토베 얀손의 책을 읽어주셨다'라고 인터뷰에서 언급할 만큼 유럽에서는 유명한 그림 작가다. 우리나라에서도 무민 탄생 70주년을 기념해 극장판 애니메이션이 상영될 만큼 인기 있는 캐릭터다. 무민은 스칸디나비아 반도의 전설 속 동물. 15권.

'공룡유치원'
크레용하우스

어린이 공룡들이 유치원에서 겪는 갈등 상황과 해결 과정을 담았다. 아이들이 단체 생활을 하면서 겪을 수 있는 상황, 가령 친구와 싸우고 화해하고 낯선 일에 도전하는 등의 주제를 다뤘다. 유치원에 들어가는 아이들에게 인기가 많다. 12권.

'개구쟁이 특공대'
꼬마대통령

3명의 친구들이 로봇 나라, 걸리버 랜드, 보물섬 등 환상의 세계로 모험을 떠나는 이야기. 우리 아이는 주인공들이 환상의 세계로 빠질 때마다 나오는 '반짝반짝 번쩍'이라는 문구만 봐도 '이제부터 환상의 세계구나' 싶어서 엄청 좋아했다. 13권.

'킨더랜드 픽처북스'
킨더랜드

아이들의 상상력을 자극하는 책들이 꽤 많다. 특히 앤서니 브라운의 『우리 아빠가 최고야』, 데이비드 섀넌의 『내가 어떻게 해적이 되었냐면』 등 유명한 작가들의 작품이 많이 포함된 것이 장점이다. 86권, CD, DVD.

'글끼말끼'
몬테소리

우리 정서에 맞춰 국내 작가들이 글과 그림을 담당했다. 다섯 살부터 읽을 만한 우리 창작그림책이 없었던 터라 엄마들에게 매우 좋은 호응을 받아 스테디셀러로 자리 잡았다. 아이의 생활과 감정을 다룬 동화에 쥐불놀이, 닭싸움, 장승 등 전통문화를 다룬 책이 다수 끼어 있다. 73권, CD.

'월드픽처북'
교원

흔히 '월픽'이라 불린다. 세계 각국의 이야기를 50권씩 묶어서 1, 2, 3차로 출간했다. 중앙과 교원 출판사에서 출간한 책들이 중고 시장에서 거래되는데, 몇 차를 골라도 균등하게 재미있다. 저렴한 가격 대비 만족도가 높은 창작그림책 전집으로 유명하다. 1, 2, 3차 각 50권.

창작그림책 단행본

Searching Tip

창작그림책 단행본의 장기는 독특하거나 재미있다는 것. 최근에는 그림이나 이야기 구성이 색다른 책들이 많다. '세상에, 이런 책도 있네!' 신선한 자극과 재미를 만끽할 수 있다.

『기묘한 왕복 여행』
앤 조나스
아이세움

조용한 시골 마을을 떠나 도시로 여행하는 여정을 담았다. 이야기는 평범한데 그림은 독특하다. 마지막 책장까지 다 읽었다면 책을 돌려서 꼭 보시길. 뒤집힌 그림에서 새로운 이야기가 다시 시작된다. 1983년 「뉴욕타임스」 최고의 어린이 상 수상작.

나무늘보가 사는 숲에서

줄줄이 줄줄이 이어지는 끝없는 책

빨강부리의 대횡단

『나무늘보가 사는 숲에서』
아누크 부아로베르, 루이 리고
보림

책장을 펼치면 아름다운 숲이 턱 하니 솟아오르는 팝업북. 책장을 넘길 때마다 아름답던 숲에 기계가 나타나 나무들을 없애버려 나무늘보가 살 곳이 점점 사라진다. 세상과 환경에 대한 이야기를 이토록 아름답게 보여주는 팝업북은 보지 못했다.

『너도 보이니?』
월터 윅
달리

사진작가 월터 윅의 숨은그림찾기책. 어린이를 위한 재미용 책이라고 생각하면 오산이다. 예술적인 사진을 연결시켜 하나의 이야기를 만들어내는 재주도 놀랍지만 '찾기놀이'도 꽤 심도 있게 구성되었다. 찾기 목록이 '짐수레 두 대, 카드 한 장' 이런 식이어서 단위 명사를 익히기에도 좋다.

『똥으로 종이를 만드는 코끼리 아저씨』
투시타 라나싱헤 글
로샨 마르티스 그림
책공장더불어

야생 코끼리가 많은 스리랑카에서 코끼리와 사람들 간에 마찰이 잦아지자 코끼리 똥으로 종이를 만들면서 평화를 찾는다는 이야기. 진짜 똥 종이로 책을 만든 것이 특징. 다 읽고 나서 아이에게 꼭 물어보시길. "이거 똥으로 만든 종이야. 냄새 맡아봐."

『빨강부리의 대횡단』
아가트 드무아, 뱅상 고도
보림

책 속의 그림이 모두 빨간색 선으로 그려졌다. 좀 지루하고 심심하겠다고? 웬걸, 책 속에 들어 있는 돋보기를 대고 보면 평범했던 그림에서 새로운 그림이 나타난다. 빨강부리가 탐험한 세계가 궁금하다면 아이들 손에 빨강 돋보기를 쥐어줄 것.

『용감한 기사의 모험』
델피뉴 슈드뤼
국민서관

용감한 기사가 되려면 알쏭달쏭 수수께끼를 풀면서 마지막 페이지에 도착해야 한다. 문제를 풀 때마다 두 가지 선택권이 주어지고 이동할 페이지가 정해진다. 책에 대한 반응은 두 가지다. 아이들은 재미있다며 무한 반복하고, 부모들은 '도대체 언제 끝나는 거야?' 싶어 망연자실한다.

『비둘기에게 이 책을 맡기지 마세요!』
모 윌렘스, 워버튼 글
모 윌렘스 그림
살림어린이

모 윌렘스의 대표작인 '비둘기' 시리즈 중 하나. '비둘기 창의 체험 놀이책'이라는 부제처럼 아이들이 이야기를 읽다가 책을 찢어서 색칠하고 접고 꾸미는 책이다. 이야기 속에 색칠하기와 만들기가 포함되어 아이들이 재미있어 한다.

『줄줄이 줄줄이 이어지는 끝없는 책』
에단 롱
사파리

줄이 그어진 노트에 아이가 낙서하듯 동물들이 하나씩 등장하면서 이야기에 살이 붙는 구성이다. 말놀이처럼 이야기가 확장되거나 엉뚱하게 흘러가는데, 이게 또 흥미롭다. 그림책을 읽은 뒤에 부모와 아이가 이 책처럼 노트에 그림을 그리며 이야기를 만든다면 가장 이상적이다.

실전 읽기 2

전래와 명작,
탈 없는
사용 설명서

전래와 명작은 구전되는 옛이야기다. 우리나라에서 전해지는 이야기가 전래, 세계(특히 유럽)에서 전해지는 이야기가 명작이다. 우리네 초가집 화롯가 혹은 서양의 벽난로 앞에서 밤늦은 시간, 어른들이 아이들에게 들려주던 이야기의 모음이라 하겠다. 특히 세계명작에는 안데르센, 샤를 페로, 그림 형제 등의 작품이 주를 이룬다. 긴 생명력이 증명하듯 전래든 명작이든 이야기가 재미있다. 듣다 보면 자꾸 뒷이야기가 궁금해지니 요맘때 아이들이라면 다들 푹 빠져서 본다.

장점 1
이야기가 쫄깃하다

이야기 굴곡이 확실한데다 선악이 분명해서 책장 넘어가는 속도가 빠르다. 착한 사람과 못된 사람이 등장해서 이야기의 양 축을 이끌거나 무시무시한 호랑이나 여우가 등장해서 사건을 급박하게 몰아가니 재미있을 수밖에 없다. 『옛이야기 들려주기』의 저자인 서정오 작가는 전래동화는 앞뒤 사건의 장면이나 심리 묘사를 생략한 채 오로지 사건을 따라 성큼성큼 나아간다고 했다. 창작에서는 금기시되었던, 짜릿하고 자극적인 소재나 장면이 자주 나오는 것도 아이들의 시선을 사로잡는다.

장점 2
인용이나 패러디에 사용된다

유명한 이야기들은 지금도 각종 인용이나 패러디에 사용된다. 조선 시대도 아닌데 자식 많고 가난한 집을 흥부네 집안 같다고 하거나 거짓말하는 아이에게 피노키오처럼 코가 길어진다고 겁을 주지 않던가. 옛이야기는 책, 영화, 뮤지컬 등 우리를 둘러싼 문화 곳곳에 살아 있다. 특히 명작은 유아기 창작책이나 지식책에서 기본 줄거리로 자주 채용된다. 집 안의 소품으로 이야기를 꾸민 『탐정 백봉달, 빨간 모자를 찾아라!』는 여러 명작동화에서 주인공과 줄거리를 가져왔고, 앤서니 브라운의 『숲 속으로』는 『잭과 콩나무』, 『금발머리와 곰 세 마리』, 『헨젤과 그레텔』, 『빨간 모자』 등을 재료로 삼아 이야기를 구성했다.

장점 3
교훈적이다

말 좀 들어라, 딴짓하지 마라, 열심히 살아라 등 어른들의 이런 훈계를 전래와 명작만큼 성실히 담고 있는 이야기가 있을까. 옛이야기의 특징은 세계를 불문하고 비슷하다. ① 선한 사람이 복을 받고 악한 사람은 벌을 받는다. ② 열심히 일해야 잘 산다. ③ 부모님 말씀을 잘 들어야 좋다. ④ 고난을 이겨내면 좋은 일이 생긴다. 부모들이 아이들에게 매일 같이 반복하는 주요 훈계들이다. 아이들은 옛이야기를 읽으면서 기본적인 삶의 행동 방식을 배우거나 선한 사람이 복을 받는 결말에서 심리적 쾌감을 느낀다.

장점 4
작가의 독특한 시선이 있다

세계적으로 유명한 이야기들은 대부분 원초적인 줄거리를 가졌다. 대개 선과 악의 대립 구도나 고난과 역경 같은 주제를 다룬 것으로, 시대를 거치면서 수많은 작가들에 의해 변주되거나 새롭게 해석되었다. 전래에서는 『팥죽 할멈과 호랑이』, 『콩쥐팥쥐전(콩중이 팥중이)』 등이 유명하고, 명작에서는 『빨간 모자』, 『아기돼지 삼형제』, 『토끼와 거북이』, 『거인의 정원』, 『이상한 나라의 앨리스』, 『헨젤과 그레텔』, 『눈의 여왕』 등이 여러 작가의 손을 거쳤다. 특히 최근에는 『늑대가 들려주는 아기돼지 삼형제 이야기』, 『늑대야, 너도 조심해』와 같이 기존의 옛이야기를 비튼 반전 동화나 주체를 바꿔서 풀어가는 버전의 이야기도 많다. 같은 이야기가 다르게 펼쳐지는 그림책을 통해 아이들은 새로운 재미를 느끼거나 색다른 시선을 지니게 된다. 빌 게이츠가 위인전에 나오는 시대에도 옛이야기가 여전히 생명력을 갖는 이유다.

이토록 재미있고 흥미진진한 전래와 명작, 최대한 빨리 읽으면 좋지 않을까. 웬걸, 빠르면 5세 중반, 적당하기로는 5세 후반이나 6세 초반이 맞다. 누군가 나에게 묻는다면 "굳이 빨리 읽힐 필요는 없어요"라고 손사래를 칠 것이다. 왜냐고? 흥미진진하고 재미있게 넘어가는 건 맞지만 너무 일찍 읽히기엔 몇 가지가 목에 가시처럼 걸린다.

일단 시대적 배경이 '옛날'인지라 낯선 단어가 자주 나와 이해하기가 쉽지 않다. 전래에서는 저승이니 염라대왕이니 용왕이니 하는 단어가 나오고, 세계명작에서는 영주와 기사, 하녀와 같은 단어가 나온다. 아이의 이해 수준이 우리나라에서 세계로 뻗어가는 시기, 다시 말해 추상적 개념을 이해하는 시기에 읽어야 맞다. 다른 이유도 있다.

단점 1
막장 드라마 뺨친다

죽고 죽이고 잡아먹고 잡아먹히는 일이 아침 인사를 건네는 일상처럼 자주 나온다. 가장 곤혹스러운 당사자는 책 읽어주는 엄마다. 이제껏 사랑 타령만 하다가 갑자기 '연못에 빠뜨려 죽였습니다', '괴물의 목을 베었습니다(심지어 아홉 개나)', '죽은 처녀를 업고 갑니다'라는 말이 잘 나오지 않는다. 우리 집에서 『아기돼지 삼형제』의 마지막 장면, 그러니까 늑대 가죽을 바닥에 깔고 셋째가 수프를 마시는 부분을 읽어주던 때였다. "엄마, 왜 늑대 가죽이 깔려 있어?" 아이의 질문에 나는 차마 이렇게 대답할 수는 없었다. "그게 말이야, 늑대가 끓는 물에 빠져서 죽었는데 돼지들이 그 살로 수프를 만들고 가죽은 말려서 깔개로 만들었기 때문이야. 정말이지 늑대는 버릴 게 없구나!"

단점 2
거친 단어가 막 나온다

아이의 귀가 예민하던 너덧 살, 입말을 대신하기 위해 나는 세계명작과 전래동화 CD를 틀어놓았다. 아이보다 더 놀란 건 나였다. 이야기 중간에 "꺼져버려!", "죽여버려!", "저 놈은 누구냐?"와 같은 문장이 마구 나왔다. 태권도 학원에서 형들의 거친 말투를 배울까 싶어 일부러 유아반에 보냈는데, 이건 책으로 험한 입말을 사서 만들어주는 꼴이었다. 책 곳곳에서 '이놈이', '저놈이' 등의 단어가 자주 나오니 한창 말 배우는 시기에 읽어주기에는 애매하다. 참, 내가 아는 후배는 아이에게 전래동화를 읽어주고 이런 이야기를 들었다. "어서 엄마를 곤장 치시오!"

단점 3
일방적인 교훈이 많다

요즘 시대에 걸맞지 않게 과할 정도로 교훈주의, 금욕주의, 선행주의가 넘친다. 『헨젤과 그레텔』에서 먹고살기 어렵다는 이유로 새엄마는 아이들을 숲에 내다 버리자고 하고 아빠는 여기에 동의한다(새엄마를 과하게 악녀로 그리는 반면, 아빠는 '어쩔 수 없이 동조하는' 불쌍한 존재로 그린다. 친자식을 버리는 무책임한 아빠인데도!). 새엄마 잔혹사는 여기서 끝나지 않는다. 『신데렐라』와 『백설공주』의 새엄마를 비롯해 무려 12명의 아이들을 몽땅 내쫓은 『백조 왕자』의 새엄마, 우물에서 실패를 꺼내오라고 종용한 『홀레 할머니』의 새엄마 등이 줄줄이 대기 중이다. 재혼 가정이 많은 요즘 시대에 읽기에는 너무 편향적이다.

따져보면 옛이야기는 아이보다 어른을 위해 만들어진 이야기가 많다. 다 그런 것은 아니어도 어른들이 아이들을 훈계하기 위해 적당히 겁을 주면서 만들어낸 이야기, 즉 '자꾸 울면 호랑이가 와서 잡아간다'는 이야기의 세계 각국 롱 스토리 버전이라고 하겠다. 옛이야기는 태생적 배경 자체가 그렇다. 서양에서 어린이에 대한 근대적 시각이 형성된 시점은 19세기가 지나서였다. 그 전에 출간된 어린이책이라고 해봐야 교과서, 예절책, 도덕책이 대부분이었다. 예컨대 세계명작동화에 항상 들어가는 샤를 페로의 동화를 살펴보자. 프랑스에서 페로가 민담을 토대로 다시 쓴『빨간 모자』,『장화 신은 고양이』,『신데렐라』등을『페로 동화집』으로 펴낸 시기가 1697년이다.

예전처럼 아이들을 위한 그림책이 없다면 또 모를까, 지금은 세계적으로 온갖 좋은 이야기가 쏟아지는 시대다. 굳이 유명하다는 이유로 어려서부터 전래나 명작을 서둘러 읽힐 필요는 없다. 아이의 상상력을 자극하고 마음을 보듬는 창작그림책을 풍성하게 읽히다가 다섯 살을 넘겨 읽혀도 충분하다. 다른 그림책에 인용되거나 패러디가 된다는 점을 고려하면, 어려서는 이야기를 순화시킨『빨간 모자』,『아기돼지 삼형제』,『헨젤과 그레텔』,『늑대와 일곱 마리 아기 염소』정도만 읽어도 충분하다.

전래와 명작,
읽어주다 멈칫 고민되는 순간

잔인한 장면은 건너뛸까?

NO! 아이들은 옛이야기에 나오는 몇몇 장면을 무서워하기는 하나 어른들처럼 그 장면을 구체적으로 상상하지 못한다. 『빨간 모자』를 읽다가 '배를 가르고 돌덩이를 집어넣는다'라는 문장을 보면서 '배를 가르면 피가 튀고 위장이 보이는' 끔찍한 장면을 상상하기보다는 배 속에 돌멩이를 넣고 꿰매는 행위에 집중한다. 구체적인 배경지식과 논리성이 아직 부족하기 때문이다.

낯선 단어를 죄다 설명해야 할까?

NO! 전래와 명작에서는 낯선 단어들이 심심치 않게 나온다. 아이 입장에서는 남자를 총각이나 신랑 등 시대와 화자에 따라 다르게 칭하는 것도 헷갈린다. 그렇다고 일일이 설명할 필요는 없다. 이야기를 듣다 정 궁금하면 아이들은 '이해하기 위해서' 꼭 물어본다. 그냥 넘어간다면 줄거리를 이해하는 데 별 문제가 되지 않아서다. 그림이나 이야기를 통해 '영감은 나이 많은 남자쯤 되나 보다'라고 추측하는 것도 나쁘지 않다.

원작에 가까운 그림책이 좋을까?

YES! 전래건 세계명작이건 원작에 가까운 이야기가 좋다. 『아기돼지 삼형제』를 읽는다면 셋째 돼지와 늑대간의 몇몇 에피소드가 담긴 이야기가 낫다. 원작이 어떤지 궁금하다면 『안데르센 동화집』, 『그림 형제 동화집』과 같은 책을 슬슬 읽어보시길. 같은 맥락에서 초등 이후에 읽으면 좋을 긴 이야기를 유아기에 미리 읽힐 필요도 없다. 여러 사건을 축약시켜 그림책으로 만든 탓에 어른이 읽어도 무슨 얘긴지 이해하기 어렵다.

전래와 명작 시리즈 및 전집

Searching Tip

> 전래는 구성 목록이 엇비슷해서 무엇을 선택해도 괜찮다. 간혹 초등 연계에 너무 집착하는 부모들이 있는데, 지금은 다양한 이야기를 풍부하게 읽다가 초등 입학 전 겨울 방학에 '교과서 수록 전래'만 추가해도 될 일이다. 세계명작은 워낙 범위가 넓은데다 선택 기준이 애매해서 만족도가 갈리는 편. 아이의 성별이나 아이가 좋아하는 그림체를 보고 선택하는 편이 효율적이다.

'전래동화' 시리즈
㈜비룡소

우리나라를 대표하는 시인들과 작가들이 참여한 작품이 많다. 책마다 독특한 그림체가 살아 있는 것이 강점.『반쪽이』는 그래픽 요소를 가미했고,『단물 고개』는 국제 노마 콩쿠르에서 은상을 수상한 오정택 작가가 그렸으며,『아씨방 일곱 동무』는 동양화의 느낌이 강하다. 29권.

비룡소 전래동화〈아씨방 일곱 동무〉

'호롱불 옛이야기'
웅진다책

출간된 지 오래되었지만 여전히 사랑받는 전래동화 전집이다. 『팥죽 할멈과 호랑이』, 『오늘이』, 『새끼 한 가닥』, 『까마귀 괴물을 물리친 신랑』 등은 우리나라의 유명 작가들이 참여해 더욱 빛을 발한다. 그림체가 다소 어두운 편이어서 5세 후반부터 보기에 좋다. 60권, CD.

'네버랜드 옛이야기 그림책' 시리즈
시공주니어

우리나라와 세계에서 전해지는 옛이야기가 섞여 있다. 전래는 이야기의 반복 구조를 살리고 해학적인 그림을 채용했는데, 『팥죽 할멈과 호랑이』, 『콩중이 팥중이』, 『버리데기』가 특히 잘 나왔다. 명작은 아름다운 그림체가 돋보이는데, 『신데렐라』, 『열두 공주의 비밀』, 『꽃 피우는 할아버지』가 인기다. 우리 옛이야기(전래) 30권, 세계 옛이야기(명작) 20권.

네버랜드 옛이야기 그림책(열두 공주의 비밀)

'알강달강 옛이야기'
한솔

색감이 밝으며 해학적이고 토속적인 그림체가 시선을 사로잡는다. 『조마구』처럼 아이들이 무서워할 괴물마저 귀엽게 그려냈다. 무서운 것을 잘 보지 못하는 경우에 선택하면 좋다. 엄마가 입말로 들려주는 옛이야기 30편이 수록된 별책 포함. 50권, CD, DVD.

'3D 애니메이션 세계명작동화'
교원

인어공주, 백설공주, 헨젤과 그레텔, 잭과 콩나무, 아기돼지 삼형제 등 세계명작하면 떠오르는 이야기들이 대부분 들어가 있다. 아이 손에 쏙 들어가는 아담한 책 크기에 그림체가 만화 같아서 대부분의 아이들이 좋아한다. 옛날 만화 그림체인 구 버전도 인기. 50권, CD.

'디즈니 자이언트 명작시리즈'
프뢰벨

디즈니 만화로 접했던 세계명작들을 만날 수 있다. 이상한 나라의 앨리스, 토끼와 거북, 아기돼지 삼형제와 같은 고전에 뮬란, 몬스터 주식회사, 정글북, 포카혼타스, 벅스 라이프와 같이 애니메이션에서 가져온 이야기가 더해졌다. 글이 꽤 많아서 6세부터 읽기에 적당하다. 60권.

'명화로 보는 뉴 클래식 명작 동화'
한국차일드아카데미

신데렐라를 비롯한 공주들이 예뻐서 여아들에게 반응이 좋다. 가격 대비 아이들에게 다양한 명작을 들려줄 수 있어서 인기. 중간에 몇 번 개정되면서 권수가 좀 줄었다. 65권, CD.

실전 읽기 3

초등 대비 넘버원, 스토리텔링 수학그림책

초등학교 1, 2학년 수학이 '스토리텔링 수학'으로 바뀌었다. 주입 암기식이었던 수학 교과서는 이제 안녕을 고했으니 단순 연산이 수학이라고 생각하면 정말 곤란하다. 스토리텔링 수학은 '읽기'와 '수학적 개념'이 한 세트로, 일상 이야기를 읽다가 수학적 개념으로 문제를 해결하는 데에 목적이 있다. 이쯤에서 엄마들이 깜짝 놀랐다는 초등학교 1학년 수학 교과서를 잠깐 살펴보자. 1학년 1학기 수학, 4단원 비교하기다.

이게 수학 교과서라고? 끝까지 읽지 않는다면 국어 교과서로 착각할 수준이다. 길이만 재면 되지 굳이 소풍 가는 이야기를 늘어놓는다. 글 읽기가 쉽지 않은 아이라면 다섯 번째 줄에서 지루해하다 창밖을 볼지도 모른다.

가장 좋은 방법은 수학적 개념을 다양한 이야기로 접하는 것이다. 재미있는 이야기를 통해 추상적 개념을 쉽게 이해하고 창의력과 사고력까지 키울 수 있다. 출판사에서도 이런 엄마들의 니즈를 일찌감치 감지해 수학그림책(수학동화)을 수와 연산, 도형, 측정, 확률과 통계, 규칙성이라는 5대 영역에 맞춰 내놓았다. 집에서 엄마가 해줄 일이라곤 가끔 책을 읽어주거나 책에 나온 개념을 언급하는 것뿐이다. 예컨대 우리는 일상생활에서 수학그림책에 나왔던 기본 개념을 떠올리며 아이에게 이렇게 말할 수 있다.

① 엘리베이터에서 숫자를 알려주고 층수를 누른다. (1부터 10까지 수 세기)

② 저녁에 장난감을 정리하면서 한마디 덧붙인다. "비슷한 종류끼리 상자에 담아보자!" (분류하기)

③ 빼빼로 과자를 10개 꺼내면서 똑같이 나누자고 한다. "엄마랑 햇살이랑 반씩 나눠 먹을까? 몇 개씩 먹으면 될까? 하나씩 세볼까?" (더하기와 빼기, 보수)

④ 만화 보는 시간을 알려준다. "시계에서 짧은 바늘이 숫자 7에 가고 긴 바늘이 맨 꼭대기에 가면 일곱 시야. 만화는 항상 그때 보는 거야!" (시계 보기)

이게 정말 유아 수학이란 말인가? 맞다. 위의 네 가지 개념에 이야기를 덧대면 수학그림책이 1편부터 4편까지 나온다. 우리 아이가 재미있게 보았던 수학그림책 『봉봉 마녀는 10을 좋아해』의 저자가 책 뒤편에서 소개한 '수의 기초'를 기르는 방법도 별다르지 않다. 친숙한 사물 세기, 손가락을 사용해 수 세기, 과자나 과일 세기, 장난감이나 단추 세기, 가위바위보 하고 계단 수 세면서 오르내리기, 엘리베이터에 표시된 층 숫자 읽기 등……. 어떤가, 엄마들이 생각하는 방식이나 전문가가 제안하는 방식이나 유아기에는 엇비슷하며 그리 어렵지 않다.

이쯤에서 기억할 것! 아이들은 아직 추상적인 사고를 발달시키는 중이다. 수학놀이를 할 때는 무조건 '구체화된 대상'을 눈앞에 두어야 한다. ①번에서는 번호판이, ②번에서는 장난감이, ③번에서는 빼빼로 과자가, ④번에서는 시계가 구체화된 대상이다. 그것들을 보고 만지고 느껴야 추상적인 개념이 공고해진다. 아이들이 숫자를 세는 과정부터가 그렇다. 처음에는 손가락을 쫙 펴고 수를 세다가, 간단한 덧셈과 뺄셈을 반복하다가, 나중에는 머리로 계산을 한다. 물론 구체화된 대상이 아이들의 마음을 훔친다면 더욱 좋다. 요맘때 부모들이 수 세기를 시키면서 괜히 사탕이나 과자를 들이미는 게 아니다.

수학그림책 시리즈 및 전집

Searching Tip

> 기본 개념을 접하기엔 출간 연도가 오래된 스테디셀러도 문제가 없지만 굳이 개정 교과서에 맞추고 싶다면 최신판을 구입한다. 특히 수학동화는 그림이 중요하다. 그림만 보고도 아이가 수학적 개념을 떠올릴 수 있어야 합격!

'스토리수학' 시리즈
㈜비룡소

봉봉 마녀와 친구들이 시리즈에 계속 등장하면서 수학적 개념을 알려준다. 재미있는 캐릭터 친구들 덕분에 수학동화보다 창작동화처럼 다가오는 것이 강점. 전집에 비하면 권수가 적지만 유아기에 알아야 할 수학 기본 개념을 알차게 담았다. 10권.

'456 수학동화' 시리즈
아이세움

수 세기, 묶어 세기, 덧셈과 뺄셈, 물건 값, 도형, 규칙, 분류, 측정, 시간 등의 수학 개념을 12권에 담았다. '나는 단행본이에요'라고 증명하듯 기본적인 이야기 구성이 재미있다. 4,5,6세 나이에 맞춰 한두 권씩 구입해도 좋다.

'탄탄 스토리텔링 수학동화'
여원미디어

실생활 이야기에 수학적 개념을 녹여낸 것이 특징. 여기에 5개 교과 영역과 연계한 수학 이야기가 많다. 예를 들어 『미술관에서 만난 수학』은 미술 작품 속에서 도형의 개념을 찾는 내용이다. 3세부터 초등 3학년까지 단계별 구성이라 꽤 오랫동안 두고 볼 수 있다. 개정 전판은 '하이 수학동화'라고 불렸다. 74권, 워크북.

'수담뿍 수학동화'
몬테소리

사탕 가게, 슈퍼 지렁이, 용감한 장난감 친구들 등 흥미로운 이야기에 수 개념을 엮었다. 쉬운 개념책은 네 살부터 보기에 좋고, 연

잘잘잘 123

스토리수학(키키의 빨강 팬티 노랑 팬티)

스토리수학(봉봉 마녀는 10을 좋아해)

456 수학동화(둘씩 셋씩 넷씩 요술 주머니)

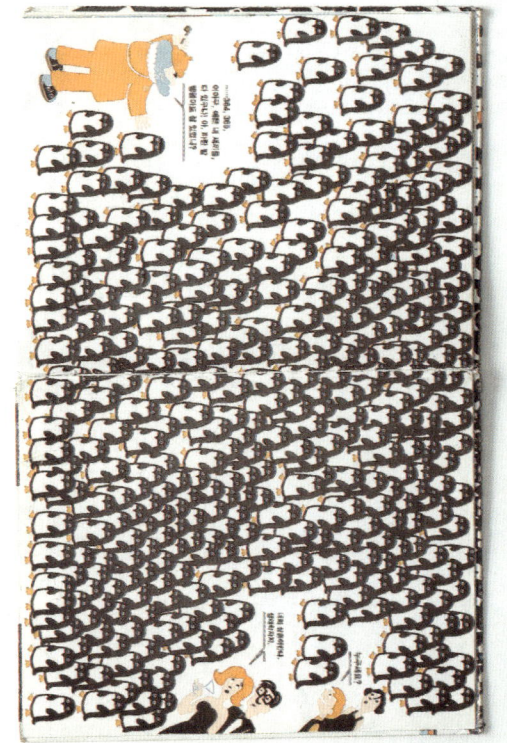
펭귄 365

산책은 여섯 살부터 보기에 적당하다. 중고로 산다면 선 긋기, 숫자 쓰기책은 빼도 상관없다. 55권.

'맛있는 개념수학 사탕수수'
이수

그림도 깔끔하고 수학적 개념을 다양하게 다뤄서 엄마들 사이에서 입소문이 난 책. 다섯 살부터 초등 저학년까지 보기에 적당하다. 개정판에 따라 워크북이나 DVD가 세트 구성이다. 책 50권으로 된 구성만 구입해도 괜찮다.

수학그림책 단행본

『숫자 0의 마술』
잔니 로다리 글
엘레나 델 벤토 그림
소금창고

숫자 세상에서 무시당하던 숫자 0이 숫자 1을 만나면서 다른 숫자들의 인사를 받는다는 이야기. 숫자 0은 단순히 '빵(영) 개'가 아니라 다른 숫자와 더불어 있을 때 힘을 발휘한다는 수 개념을 재미있게 담았다. 한 자리 수에서 두 자리 수로 넘어갈 때 읽으면 좋다.

『처음 만나는 수학 그림책』
미야니시 다쓰야
북뱅크

스테디셀러 『고 녀석 맛있겠다』의 작가가 내놓은 수학그림책. 놀이터에 나타난 외계인이 문제를 내고 아이들이 정답을 찾아가는 구성이다. 1부터 10까지 수 세기와 더하기를 수수께끼 푸는 과정에 담았다.

『시계 그림책 ❶』
마쓰이 노리코
길벗어린이

시계 보기야말로 유아기 아이들에겐 최대의 난제. 시간이라는 추상 개념을 이해해야 하는데다 똑같은 숫자를 다르게 읽어야 하기 때문이다. 시계 보기를 '쉽게' 알려주고 싶다면 이 책을 볼 것! 시와 분 개념을 1, 2편으로 나누어 친절하게 알려준다.

『잘잘잘 123』
이억배
사계절

'하나 하면 할머니가 호박을 이고서 잘잘잘, 둘 하면 두더지가 땅굴을 판다고 잘잘잘' 이렇게 시작되는 구전 동요를 그림책으로 만들었다. '잘잘잘'이라는 어구가 입에 딱 붙으면서 말의 재미와 수 세기를 알려주는 책. 섬세하면서도 토속적인 이억배 작가의 그림체도 좋다.

잘잘잘 123

『100층짜리 집』
이와이 도시오
북뱅크

숫자 100까지 세기를 익힐 수 있는 그림책. 100층에 사는 친구로부터 초대장을 받은 주인공 도치가 1층부터 100층까지 계단을 올라가면서 다양한 동물을 만난다. 100까지의 수 세기와 동물의 생태를 동시에 보여주는 작가의 재치에 감탄하게 된다. '100층 그림책' 붐을 일으킨 주인공.

『펭귄 365』
장-뤽 프로망탈 글
조엘 졸리베 그림
보림

새해 첫날, 택배 아저씨가 초인종을 누른다. 상자를 열어보니 '펭귄 1호입니다'라고 적힌 쪽지와 펭귄 한 마리가 담겨 있다. 다음 날부터 매일 펭귄이 도착하면서 12월 31일에는 무려 365마리가 되었다. 집 안은 뒤죽박죽, 결국 가족은 덧셈과 곱셈을 이용해 펭귄들을 정리하기로 한다. 판형이 커다란 그림책으로 펭귄 365마리의 표정과 모습을 보는 재미가 쏠쏠하다.

『3D 입체 수학 책』
DK 편집부
아이즐북스

영국 DK 출판사의 새로운 팝업북이자 플랩북이다. 덧셈, 뺄셈, 분수, 도형 등 초등학교 수학의 기초 개념을 아이가 직접 접고 펴고 돌리고 만들면서 이해한다. 평면 도형의 종이를 하나씩 세우면 입체 도형으로 변신하는 전개도 부분이 인기 있다.

실전 읽기 4

추가 3종 세트!
인물, 경제, 사회그림책

창작, 전래, 명작, 수학, 과학그림책은 요맘때 아이들이 가장 많이 읽는 영역이며 엄마들마다 여기에 무엇인가를 추가하는 식이다. '추가' 목록은 초등 과정에서 등장하는 모든 과목이다. 보통 세계 문화, 인물(위인), 한국사, 삼국유사 등이 차례차례 아이들 책장에 들어선다. 6, 7세가 되면 부모들이 아이에게 지구본과 세계 지도, 세계 국기 등을 꼭 사주는 이유다.

인물그림책

엄마들이 어렸을 적 '위인전'을 읽었다면 요즘 아이들은 '인물이야기' 혹은 '인물동화'를 읽는다(위인전은 그 다음 단계다). 그림책에 등장하는 주인공들부터가 확 바뀌었다. 과거에는 왕이나 장군과 같은 역사적 인물이 주류를 이뤘다면 지금은 직업적 성취가 높은 사람들이 주인공이다. 김구, 신채호, 세종대왕, 안중근, 이순신 등 누구나 수긍하는 기본 인물에 김연아, 버락 오바마, 스티브 잡스, 앤디 워홀과 같은 동시대 인물들이 추가되는 분위기다.

아이들도 인물그림책을 좋아한다. 엄마들이야 역사 과목에 흥미를 붙여주기 위해서 인물그림책을 선호하지만 아이들은 단순한 호기심이나 동경에서 책장을 편다. 아이들이 한두 살 위인 형이나 누나, 오빠나 언니를 무조건 따라 하는 것처럼 다른 사람의 이야기에도 관심을 갖는다.

아쉽게도 유아기의 인물그림책은 전집을 사기도, 단행본을 사기도 애매하다. 아이들이 70~80권이나 되는 인물그림책 전집을 죄다 재미있게 읽지도 않는데다 유명 인물을 다룬 단행본이 그만큼 다양하지도 않기 때문이다. 가장 좋은 방법은 도서관에서 아이가 좋아하는 인물그림책을 시기마다 골라보는 것. 유치원에서 한글을 배운다면 '세종대왕', 어린이날 행사가 있다면 '방정환' 책을 빌려본다.

『그림 그리는 아이 김홍도』
정하섭 글 유진희 그림
보림

조선 시대 화가 김홍도의 어린 시절을 담은 그림책. 단순히 위인으로서 업적을 다루기보다 어려운 환경 속에서 꿈을 키워가는 모습을 담아 아이들이 공감하며 읽는다. 그림 그리기를 좋아하는 아이에게 추천.

『곤충화가
마리아 메리안』
마르가리타 앵글 글
줄리 패치키스 그림
담푸스

곤충학자이자 화가인 메리안의 이야기. 나비의 변태 과정을 몰랐던 중세 시대, 사람들은 나비를 악마의 사신쯤 여겼지만 메리안은 곤충에 관심을 갖고 관찰하면서 변태 과정을 밝혀냈고 그것을 도감으로 그렸다. 곤충에 관심이 많은 아이들에게 관찰과 기록을 어떻게 해야 하는지 보여주는 자연관찰 겸 인물그림책.

『나는 꼭 의사가
될 거예요!』
타냐 리 스톤 글
마조리 프라이스먼 그림
정글짐북스

최초의 여의사 엘리자베스 블랙웰의 이야기를 담았다. 용감하고 호기심 많은 소녀가 시대 환경에 굴하지 않고 자신의 꿈을 찾아가는 과정이 흥미롭다. 아이들에게 '네가 원하는 것이라면 한번 도전해봐'라고 말하는 책. 칼데콧 명예 상 수상 작가의 그림체도 아름답다.

나는 꼭 의사가 될 거예요!

경제그림책

공원보다 대형 마트에 자주 행차하는 요즘 아이들에겐 경제그림책이야말로 가장 밀착된 이야기다. 경제그림책의 주제는 돈의 탄생, 저축과 은행, 직업과 용돈, 시장과 가게, 기부 문화 등 꽤 범위가 넓다. 한 권의 책에 역사, 사회, 수학 개념이 맞물려 돌아간다는 얘기다.

유아기의 경제 개념은 생활 속에서 체험하며 배우는 것이 제일이다. 가게에서 돈을 내고 물건을 사거나 영수증을 확인하거나 저금통에 돈을 저축하거나 벼룩시장에 참여하는 방식이 효과적이다. 즉, 추상적인 개념일수록 구체적인 일상 행위가 더해져야 이해하기 쉽다. 그렇다고 괜히 조급해지는 말 것! 돈 계산은 경제 개념과 수 개념이 더해져야 가능한 법, 돈의 종류를 구분하고 각 지폐와 동전의 가치에 따라 거스름돈을 계산하려면 적어도 초등 1,2학년은 되어야 한다. 지금은 기본적인 돈의 쓰임새를 알고 생활에 밀착된 경제 이야기를 재미있게 읽는 것이 중요하다.

『100원이 작다고?』
강민경 글 서현 그림
창비

아이가 잠든 밤, 방 이곳저곳에서 십 원, 백 원, 천 원, 만 원, 5만 원짜리 동전과 지폐가 나와서 한바탕 소동을 벌인다. 단순히 '이 돈은 얼마'라고 설명하기보다 돈의 역할이나 가치, 소득과 투자 개념까지 폭넓게 이야기한다.

『빨간 오토바이 사 줘!』
미셸 피크말 글
토마스 바스 그림
국민서관

장난감을 사달라고 떼쓰는 주인공과 이를 저지하려는 엄마가 나온다. 아이와 책을 읽다가 엄마 역할에 빙의될 만큼 책 속 대화가 낯설지 않을 터. 이 책에 대해 한마디로 요약하면 다음과 같다.

'아이와 마트나 백화점에 가기 전에 꼭 읽어볼 책'.

『또 마트에 간 게 실수야!』
엘리즈 그라벨
토토북

온 가족이 대형 마트를 나들이 삼아 자주 찾는다면 재미있게 볼 만한 책이다. 물질이 넘치는 시대, 충동구매로 자꾸자꾸 새 물건을 사들이는 모습을 재미있게 꼬집었다. 읽다 보면 엄마부터 가슴이 콕콕 찔린다.

사회그림책

언젠가부터 엄마들 사이에서 퍼진 괴담이 있다. "초등 3, 4학년 때 아이들이 가장 힘들어하는 과목이 사회래!" 영어도 수학도 아니고 사회라니! 과연 사회 과목에 대한 공포담은 어디까지가 진실일까. 일단 사회 과목은 범위가 굉장히 넓다. 사회 전반에 걸친 주제, 이를 테면 지리, 정치, 경제, 전통문화 등이 죄다 교과 내용에 속한다. 3, 4학년 아이들이 사회 과목을 어려워하는 이유는 간단하다. 영어와 수학에 비해 우리말로 된 지문이 많아서 만만할 것 같지만 범위가 너무 넓은데다 낯선 용어가 넘쳐나 읽어도 무슨 말인지 모르는 탓이다.

해당 범위가 넓다 보니 사회그림책은 수학이나 과학처럼 색깔이 확실하지 않다. 관련 전집을 살펴봐도 어떤 건 과학그림책, 어떤 건 경제그림책처럼 느껴진다. 그러니 지금은 사회의 '맛'만 본다고 생각하시라. 매주 한 군데씩 공공 기관을 탐방하거나 여행지나 명소에 가서 지도만 보고 길을 찾는 과정도 효과적이다.

『서당에 간 거꾸로 학교에 간 반대로』
호우 글 홍선주 그림
계몽사

'돌려 보는 그림책' 시리즈 중 하나. 앞쪽에서는 전통 이야기가, 뒤쪽에서는 현대 이야기가 똑같은 주제로 다르게 펼쳐진다. '학교' 편인 이 책에는 서당에 가는 거꾸로와 학교에 가는 반대로의 두 가지 이야기가 담겼다. 혼례와 출산 의례, 상제를 주제로 한 5편 시리즈가 모두 재미있다.

『돌잔치』
김명희 글 김복태 그림
보림

'전통문화그림책 솔거나라' 시리즈 중 하나. 현대 사회에서도 꾸준히 이어지는 돌잔치에 대한 이야기를 담았다. 특히 실타래 영감, 대추 할멈, 돈 마님, 붓 낭자, 자 아씨, 활 총각, 쌀 도령 등 돌잡이 물건을 의인화해 자랑하는 부분이 재미있다. 아이의 돌잔치 이야기를 겸해서 들려주면 더욱 귀를 쫑긋거린다.

『우리 동네 슈퍼맨』
허은실 글 이고은 그림
창비

'사람이 보이는 사회그림책' 시리즈는 이야기가 재미있는 동시에 내용이 알차다. 그중『우리 동네 슈퍼맨』은 평범한 사람들이 직업복을 입으면 영웅처럼 멋지게 변신한다는 이야기를 담았다. 소방관, 판사, 수의사, 야구 선수 등 대표적인 직업의 특징을 설명하면서 중간중간 '비슷한 직업복을 입는 직업'까지 추가로 곁들였다.

우리 동네 슈퍼맨

지금 모르면
초등 가서 후회한다!
융합 독서

아이가 엉덩이 붙이고 책 수십 권을 읽든, 엄마가 책을 꺼내면 옆방으로 순간 이동을 하든 다섯 살을 넘겼다면 한번쯤 융합 독서에 나서야 한다. 융합 독서란 다양한 책을 읽으면서 지식을 연결하거나 하나로 합치는 것이다. 최근 출간되는 그림책에 '스팀 그림책'이나 '융합 독서를 위한 전집' 혹은 '통합 논술까지 가능한' 이런 타이틀이 붙는 이유는 우리나라의 교육 정책이 융합 인재 교육인 이른바 '스팀STEAM'을 지향하기 때문이다. 즉, 과학Science, 기술Technology, 공학Engineering, 예술Arts, 수학Mathematics 개념을 통합하는 인재를 양성하겠다는 얘기다. 이제 세상에 온갖 정보가 널렸으니 그것들을 융합해서 '무엇'인가 만들어낼 창의성이 중요해졌다.

초등 교육 과정만 봐도 그렇다. 요즘 아이들은 국어, 수학, 바른 생활, 슬기로운 생활, 즐거운 생활 교과서를 보는 대신 국어, 수학, 통합 교과서로 공부한다. 초등 1학년 통합에서는 여덟 가지 주제, 즉 봄, 여름, 가을, 겨울, 가족, 이웃, 학교, 우리나라와 관련된 내용을 배운다. 아직 이해가 가지 않는다면 초등 1학년 1학기 통합 교과서의 내용을 살펴보자. '봄맞이'라는 소주제 편이다.

〈봄맞이〉

즐거운 봄맞이에 대해 이야기하고 봄이 느껴지는 그림책을 보고 봄에 관련된 활동을 한다.

- 봄맞이 청소를 해요 : 청소가 필요한 곳을 찾아봅시다.
- 봄이 왔어요 : 봄에 볼 수 있는 모습을 살펴보고, 비슷한 것끼리 모아 봅시다.
- 봄인사 : 봄 느낌을 살려 노래를 불러 봅시다.
- 봄바람을 가르며 : 이어달리기를 하여 봅시다.

(이하 생략)

우리가 어렸을 때라면 신나게 봄노래나 배웠겠지만 지금은 봄꽃 이야기를 하다 봄맞이 청소를 말하고 봄에 볼 수 있는 모습을 살피다 봄노래를 부른다. 아이들은 주제와 연결된 다양한 내용을 통합적으로 배우면서 그 지식을 섞는 능력을 키운다. 하기야 요즘 초등 1학년 방학 숙제가 '융합책을 읽고 독서 감상문 써오기'라고 하지 않던가.

상황이 이렇다 보니 우리는 책을 읽으면서 가끔이라도 융합과 통합적 놀이를 첨가해야 한다. 매일 이래야 하냐고? 당연히 아니다. 그림책을 읽다가 아이가 흥미를 보이는 주제가 있다면 엄마가 슬쩍 힌트를 준다. "참! 우리 집에 이거랑 비슷한 책이 있더라.", "다른 책도 찾아서 읽어볼까?"

1 연결하기

주제나 소재를 연결해가면서 읽는다. 나카야 미와의 『도토리 마을의 모자 가게』라는 창작그림책을 읽은 뒤에 '도토리'가 나오는 다른 책을 연이어 읽는다. "도토리는 종류에 따라 쓰는 모자가 다르구나! 우리 도토리에 대한 책이 있나 찾아볼까?" 슬쩍 이렇게 말하며 아이와 책장에서 과학그림책 열매 편 혹은 자연관찰책 참나무 편을 꺼내 읽는다. 참나무 편을 읽다가 아이가 다람쥐나 곤충에 흥미를 보인다면 다시 그 주제가 담긴 책을 가져온다.

2 깊이 파기

하나의 주제에 대한 다양한 책을 읽는다. 가장 좋은 공간은 도서관. 검색창에 아이가 좋아하는 주제를 넣고 클릭하면 수많은 그림책이 주르륵 뜨니, 그것들을 꺼내서 읽으면 끝이다. 예컨대 아이들이 유아기 내내 좋아하는 '똥'이라는 단어를 넣고 검색을 해보자. 몸속에서 똥이 어떻게 만들어지는지 설명하는 지식책 『방귀, 뿡뿡!』, '국시꼬랭이' 시리즈의 하나인 전통문화책 『똥떡』, 세계적인 스테디셀러 창작그림책 『누가 내 머리에 똥 쌌어?』 등을 두루 찾아 읽을 수 있다. 부모가 굳이 '다양한 영역을 읽혀야지'라고 의도하지 않더라도 똥을 주제로 폭넓은 사고를 할 수 있다.

3 비교 읽기

출판사마다 다른 색깔로 펴낸 '같은 이야기'를 비교하며 읽는다. 가장 만만한 대상은 수많은 버전으로 출간된 옛이야기다. 가령 『빨간 모자』만 해도 세계적인 작가들이 시대에 따라 거듭 매만져왔다(인터넷 서점 검색창에 '빨간 모자'를 치면 순간 수십 권이 뜬다). 눈에 띄는 작품을 고르자면 ① 노벨상 수상 작가인 가브리엘라 미스트랄의 『빨간 모자』는 독특한 그림체와 사실적인 이야기로 볼로냐 라가치 상을 수상했고, ② 칼데콧 명예 상을 받은 제리 핑크니가 쓰고 그린 『빨간 모자』의 주인공은 흑인 여자아이이며, ③ 로베르토 인노첸티가 그린 『빨간 모자』의 주인공은 숲길 대신 현대 도시의 길을 걸어간다. 제목은 똑같되 이야기의 방향이 다른 그림책을 접할수록 아이는 새로운 시선을 가지게 될 것이다.

지금까지 소개한 세 가지 방식이 귀찮다면 더 간단한 방법을 제안하겠다. 아이가 유치원 수업에서 기본적으로 접하는 주제에 책 읽기를 슬쩍 추가하는 방식이다. 그 유명한 '숟가락만 얹었을 뿐' 책 읽기다. 이미 유치원의 누리 과정은 주제별 통합 과정으로 진행된다. 우리 아이가 다섯 살 때 10월 둘째 주에 배웠던 내용을 살펴보면 주제별 통합 내용을 확인할 수 있다.

- 주제 : 여러 가지 육상 교통기관
- 활동
  - 내가 이용한 교통기관에 대해 이야기한다.
  - 손가마 태워주기 게임을 한다.
  - 동화 『네발 자전거』를 읽고, 동요 〈더 빠른 것 더 느린 것〉을 부른다.
  - 누워서 자전거 타기 신체놀이를 하고 바깥 놀이터에서 자전거를 탄다.

매주 아이들이 유치원에서 배우는 주제는 명절, 계절, 행사와 관련된 것들이다. 3월에는 봄이나 꽃에 대해 배우고 5월에는 가족 관계에 대해 배운다. 수업 시간을 통해 아이가 생활에 밀착된 주제를 배우니 부모는 주제와 관련된 그림책을 얹어서 읽어주면 그만이다. 교통기관에 대해서 배운다면 첫지식책이나 과학동화, 창작동화 중에 자동차, 기차, 배, 표지판 등에 대한 책을 읽어주면 된다. 만약 당신이 유치원에서 매주 나눠주는 '교육 계획안'을 살피면서 단순히 준비물만 챙긴다면 그건 숟가락 얹을 좋은 기회를 내팽개치는 것이다.

게으른 엄마를 위한, 가장 만만한 독후 활동

그림책만 읽고 '끝'이라고 말하기가 왠지 민망할 때가 있다. 어떤 블로거는 "아이와 그림책을 읽고 손가락 인형을 만들었어요"라고 말하고, 육아 카페의 어떤 엄마는 "그림책에 나오는 음식을 아이와 만들었죠"라고 자랑하니 나는 껌종이로 학알이라도 접어야 할 분위기다.

책을 읽고 다양한 독후 활동까지 한다면 가장 이상적이다. 그렇다고 '독서의 완성은 독후 활동'이라는 말에 너무 집착할 필요는 없다. 책 읽어주기도 바쁜데 반드시 무엇을 해야 한다고 생각하면 유아기 독서가 숙제처럼 다가올 수 있어서다. 아이들은 그 특성상 재미있는 책을 읽으면 그림을 그리거나 책 속 내용을 따라 하거나 무엇이든 자발적으로 한다.

정 무엇을 할지 모르겠다면 세 가지 활동에 집중한다. 얼핏 우습게 보이겠지만 10년, 20년 육아 선배들이 가장 극찬한 독후 활동이다. 귀띔하자면 초등 저학년까지 학교에서 요구하는 수행 평가의 대부분은 말과 그림으로 자기의 생각을 표현하는 것이다.

만만하기로는 1등, 대화하기

체력이 안 되고 시간이 딸리는 엄마들에게 가장 추천한다. 내가 만난 선배 엄마들, 특히 아이를 대학에 보낸 엄마들은 하나같이 '대화하기'를 최고의 독후 활동으로 꼽았다. 그들은 "지금 돌아보면"으로 시작되는 이야기를 한참 늘어놓다가 "책을 읽고 이야기하는 게 가장 좋아!"라고 끝을 맺었다. 교육 컨설팅을 하는 한 지인은 이렇게 조언했다.

"요즘 시험의 핵심은 배경지식을 단순히 묻는 것이 아니라 사고력이나 창의력을 확인하는 것들이야. 기본 배경을 가지고 두세 가지로 다양하게 생각하는 힘이 중요해진 거지. '이렇게 했다면 줄거리가 어떻게 되었을까?'와 같은 질문을 놓고 함께 이야기를 나누면 가장 좋아. 아이가 혼자서 많이 읽을 수는 있지만 이야기를 비틀거나 시선을 바꿔서 생각하기란 힘들거든."

질문 방식도 별다르지 않다. 그림책을 읽은 뒤에 "주인공이 왜 그랬을까?", "너라면 어떻게 했을 것 같아?", "주인공의 마음이 어땠을 것 같아?", "뒷이야기는 어떻게 될까?", "주인공이 ○○이라면 이야기는 어떻게 변할까?", "네가 제목을 붙인다면 뭐라고 할래?"라고 묻는 것이다.

주의 사항! 북 토크는 재미있는 수다에 가까워야 한다. 자연스러운 대화를 통해 생각을 비틀거나 확장하는 것이 핵심. 행여나 엄마가 두 눈을 치켜뜨고 숙제하듯 자꾸 물어대면 아이는 사고 확장이고 뭐고 이렇게 내뱉을 게다. "아, 몰라!"

만만하기로는 2등, 그리기

초등학교에 입학하면 가장 강력한 힘을 발휘하는 것이 바로 '그림 솜씨'. 몇 번 강조했듯 초등 1, 2학년의 수많은 상은 그리기에서 나온다. 그림 상을 자주 받을수록 아이의 성취감이 올라가는 것은 당연지사, 이만큼 효율적인 독후 활동이 없다.

돌아보면 아이의 그리기는 무엇이든 긁적이는 돌 무렵에 시작된다. 천재 작가의 그것처럼 아이들의 손놀림에는 거침이 없다. 특히 도대체 알 수 없는 추상화에서 이해 가능한 그림이 되었을 때의 감동이란 대단하다(우리 집에서는 사람 사지에 손가락과 발가락이 달렸을 때 유난히 환호했다). 유아를 키우는 집집마다 거실이며 냉장고에 아이들의 온갖 그림이 미술관의 명화처럼 전시되는 이유다.

'그리기'를 위한 준비물이라고 해봐야 문구점에서 파는 전지와 몇 가지 미술 도구면 충분하다. 아이가 어리다면 벽면에 커다란 전지를 붙였다가 새 걸로 바꿔주기를 반복하다 유치원에 갈 즈음에 스케치북을 마련해준다. 그림 도구는 다양할수록 좋다. 연필, 물감, 크레파스, 사인펜, 색연필 등 여러 가지를 사둔다. 아이의 손힘이 약하다면 부드럽게 써지는 '파스넷' 크레파스나 색연필이 좋다. 이쯤에서 기억할 것! 그리기 도구는 눈에 쉽게 띄는 곳에 두어야 한다. 그림책 노출 전략과 똑같다. 날짜를 정해서 그리기를 하는 것이 아니라 도구를 눈에 보이는 곳에 두면 아이가 알아서 수시로 그림을 그린다.

『무릎 딱지』를 그린 올리비에 탈레크는 한 인터뷰에서 미술 활동에 대해 이런 조언을 남겼다. 세상에나, 나부터 가슴이 뜨끔했다!

"그림책 작가가 된 뒤 학교의 초청을 받아 아이들과 만날 때가 많은데, 미술 시간인데도 학생들이 물감 꺼내는 걸 싫어하는 선생님들이 종종 있습니다. 물통에 팔레트에 절차가 복잡하고 교실도 지저분해지니까요. 대신 아이들 손에 크레파스를 쥐어줍니다. 진심으로 당부하고 싶습니다. 아이들에게 특히 5~6세 꼬마들에게서 붓을 빼앗지 마십시오."

지금 안 가면 나중에 후회한다, 체험 활동

에너지가 바닥인 엄마라도 주말에는 종종 아이와 박물관이나 전시관에 가야 한다. 체험 활동의 최적기는 다섯 살부터 초등 저학년까지, 특히 6, 7세 아이들은 시간적 여유와 흡수할 여력이 충분하다. 서너 살에 농업 박물관에 가면 좋아하지도 않을뿐더러 내용을 이해하기도 힘들지만 여섯 살에 가면 전래동화에서 접했던 이야기가 생각나서 급 관심을 보인다.

굳이 입장료가 비싼 체험 전시관에 갈 필요가 없다. 도서관, 국립 박물관, 국립 미술관, 공공 기관의 공연이나 전시면 충분하다. 집에서 가깝고 공간이 작으며 무료인 곳이 최고다. 방금 입장했는데 아이가 "나가자" 떼를 써도 쿨하게 "그러자" 말할 수 있어야 한다. 비싸고 넓은 공간이라면 본전 생각에 아이와 숙제처럼 그걸 다 봐내느라 지치기 일쑤다.

어디로 갈지 모르겠다면 아이가 유치원에서 1년 동안 간 곳을 다시 둘러본다. 유치원에서 가는 체험 공간은 세 가지 특징이 있다. 아이 수준에 맞고 가까우며 대부분 무료거나 가격이 저렴한 곳이다. 이미 가봤으니 아이가 지루해하지 않겠냐고? 몇몇 선배 엄마들은 나에게 이런 얘기를 들려주었다. "유치원에서 단체로 가는 체험 활동은 아이들끼리 장난치고 놀려고 가는 거야!"

지금이야 부모가 아이와 외출하기 귀찮겠지만 나중에는 아이가 부모와 나가길 거부하거나 공부하느라 갈 여유조차 생기지 않는다. 정 외출이 귀찮다면 선배 엄마의 공통된 조언을 떠올리자. "아이가 따라나설 때 어디든 가는 게 좋아. 초등 3학년만 되어도 친구랑 놀러 가지, 부모랑은 절대 안 가니까!"

그리기 자극 그림책

『까만 크레파스』
나카야 미와
웅진주니어

주인공인 검은색 크레파스 까망이는 알록달록한 다른 친구들의 색깔 자랑에 우울해한다. 이때 샤프의 조언! 까망이가 다른 색깔들 위를 죄다 덮어버리고 샤프가 지나가자 불꽃놀이처럼 화려한

가려워! 가려워!

우리는 벌거숭이 화가

알록달록 색칠 괴물

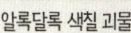

색깔이 나온다. 자존감과 미술 활동을 재미있게 엮은 책. 책을 읽고 아이와 따라 하기에도 좋다.

『가려워! 가려워!』
루시 알봉
키즈엠

주인공 돼지 꾸리가 온몸이 가려워서 투덜대는 이야기를 손도장으로 꾸몄다. 돼지, 버섯밭, 나무 등을 모두 손도장으로 표현해 흥미롭다. 책 마지막 페이지에는 '손도장으로 그림 그리는 법'이 나온다. 크레파스나 색연필이 아닌 자신의 손으로 그림을 그려내는 과정을 아이들은 무척 재미있게 느낀다.

『알록달록 색칠 괴물』
앨리스 호그스타트
그림책공작소

색깔 없는 마을에 아이가 크레용으로 그림을 그리면서 마법 같은 일이 벌어진다. 벽에 그린 알록달록 괴물들이 살아나 아이를 따라 행진하는 것. 책을 읽고 나면 주인공처럼 무엇이든 그리고 싶어진다.

『우리는 벌거숭이 화가』
문승연 글 이수지 그림
길벗어린이

물감으로 그리기 놀이에 빠진 아이들의 모습을 담았다. 한창 손이 간질간질한 시기에 읽으면 좋은 책. 아이들에겐 그림을 통한 환상의 세계를 보여주고, 엄마에겐 '자유롭게 그리게 해줘야지' 반성의 시간을 갖게 한다.

『바보 사냥꾼과 멋진 사냥개』
브라이언 와일드스미스
현북스

색채의 마법사라고 불리는 브라이언 와일드스미스의 작품이다. 이야기도 따뜻하지만 무엇보다 화려한 색채가 눈에 띈다. 어른이 보기에도 색감이 정말 환상적이다! 물감놀이를 할 때 보여주면 딱 좋다.

『크레용이 화났어!』
드류 데이월트 글
올리버 제퍼스 그림
주니어김영사

요맘때 아이들에겐 나무는 초록색이고 하늘은 파란색이란 고정관념이 생긴다. 이 책은 각각의 크레용이 아이들에게 투덜대는 편지를 보내는 형식을 차용해 "네 마음대로 칠해도 돼!"라고 말해준다. 12색 크레용들의 불만, 가령 "나 혼자서 커다란 코끼리를 다 칠하느라 너무 힘들었어!"라는 회색의 이야기를 듣고 나면 '그럼 다른 색깔로 칠해볼까?'라는 생각이 절로 든다.

5, 6, 7세의 과업, 한글 떼기

아이가 유치원에 들어가면 많은 엄마들은 그림책보다 한글에 집착한다. 아니, 주변에서 집착하게 만든다. 놀이터에서 엄마들끼리 수다를 떨다가도 "그 집 아이는 한글 알아요?"라고 묻거나 길거리에서 학습지 선생님이 풍선을 주면서 "아이가 몇 살이죠? 한글은 뗐나요?"라고 물어올 때면 말이다. 부모의 심리가 그렇다. 누군가로부터 "한글 뗐어요?"라는 질문을 열 번 넘게 들으면 명절마다 결혼 질문을 받던 사람이 소개팅이라도 해야지 결심하는 것처럼 한글 학습에 나선다.

보통 여자아이는 4~6세, 남자아이는 5~7세에 한글을 익힌다. "초등학교에 입학하면 3개월 만에 받아쓰기를 한대요!"라는 현실적인 증언이 나오면서 24개월부터 일찌감치 한글 수업을 신청하는 엄마도 있다. 배우는 시기에 대한 명확한 기준이 없다 보니 엄마들은 불안한 마음을 부여잡은 채 주변 분위기에 쉽게 휩쓸린다. 과연 한글은 몇 살에 배워야 하는 걸까. 여기 당신이 참고할 만한 선배 엄마와 선생님의 의견이 있다.

"한글 학습지 선생님을 몇 달 하면서 깨달은 게 있어요. 어떤 아이는 두 돌부터 몇 년을 해도 여전히 못 깨치는데 어떤 아이는 여섯 살에 잠깐 하면서 원리를 깨치는 거예요. 두 사례를 보면서 '아이마다 한글 터지는 시기가 따로 있구나'라고 깨달았죠. 우리 아이요? 일곱 살에 시작했는데 한글 조합 원리로 가르쳐주니 금방 깨치던 걸요."

(전직 유치원 교사였던 선배 엄마의 경험이다. 그녀는 아이가 글자의 원리나 숫자의 패턴을 이해할 '머리'가 되었을 때 한글을 배우는 게 효율적이라고 말했다. 한글의 조합 원리를 알면 무슨 글자든 읽을 수 있고 숫자의 패턴을 알면 백, 천도 쉽게 센다면서.)

"아이가 앉은 자리에서 몇 십 권을 읽을 만큼 그림책을 좋아했지만 한글 교육에 집착하지 않았어요. 유아기에는 상상력을 키워주는 우뇌 발달이 우선이라고 판단했거든요. 좌뇌는 초등학교에 입학해 공부하면서 발달할 테니 그 전에는 그림을 통해 아이를 충분히 자극하고 싶었어요."

(영어 학원 강사인 선배 엄마의 이야기다. 한글은 일곱 살이 되어서 배웠지만 초등 적응에는 별 문제가 없었다고 말했다. 언어를 담당하는 측두엽이 만 6세부터 발달하니 유아기에는 아이의 상상력과 창의성을 키워주는 것이 더 좋다는 의견이다.)

"아이가 글자에 관심을 보이면 그림책 제목을 한 글자씩 알려주세요. 여섯 살에 한 글자씩 알려주다가 일곱 살 상반기에 한 문장 읽기, 하반기에 두 문장 읽기를 띄엄띄엄하면 충분합니다. 여기에 더해서 일곱 살 하반기에 한글로 간단한 생각을 쓸 수 있다면 초등 준비에는 전혀 문제가 없답니다."
(은혜 유치원 임경아 원장의 이야기는 더 구체적이다. 간단히 말하면 여섯 살에 한글에 흥미를 갖다가 일곱 살에 읽고 쓰면 된다는 얘기. 유아기에는 한글 읽기나 쓰기보다 그림책에 재미를 갖는 편이 더 중요하다고 조언했다.)

"유아기에는 한글 떼기보다 그림책을 좋아하는 것이 훨씬 중요해요. 한글을 떼는 것과 책을 꺼내서 읽는 것은 별개의 일이거든요. 한글을 몰라도 책을 좋아하는 아이는 그림을 통해 스스로 책을 볼 수 있어요. 이런 아이일수록 한글을 알면 책에 더 깊이 빠져들지요. 반면 두 돌에 학습지로 한글을 배운 아이들은 나이를 먹을수록 외려 책 읽기에서 멀어질 수 있어요."
(『거창고 아이들의 직업을 찾는 위대한 질문』의 저자인 강현정 선배 엄마의 이야기다. 유아기에는 한글 떼기가 시급하게 느껴지지만 길게 보면 유아기에는 이야기에 빠지는 경험이 훨씬 중요하다고. 아이가 그림책을 반복해서 보는 이유는 한글을 알아서가 아니라 이야기가 재미있기 때문이다.)

내 경험을 바탕으로 얘기하자면 한글 교육의 기준은 아이의 '입말'에 있다. 재미있게 끝말잇기가 가능한 시기가 적당하다. 예컨대 아이가 여섯 살이 되면 논리력이 발달해 조합 원리로 한글을 깨칠 수 있는데다 음성 언어가 풍부해 학습 속도도 빠르다. 아이, 이사, 사자, 자동차와 같이 말을 이어서 배운다는 얘기다.

한글 학습에서 선배 엄마와 선생님이 다들 동의하는 부분은 '아이가 호기심을 보일 때 배워야 빛을 본다'는 것이다. '호기심'이라는 단어로 뭉뚱그려 말하지만 따져보면 아이의 인지 능력과 글자에 대한 자극, 배우려는 욕구 등이 두루 맞아떨어져야 한다. 세 살에 시작하면 3년 걸리지만 일곱 살에 시작하면 세 달 안에 끝낸다는 얘기가 그래서 나온다. 서너 살 아이에게는 없지만 예닐곱 살 아이에게는 강한 요소가 바로 논리력과 주변 자극이다. 소리글자를 조합할 만큼 머리가 굵어지는데다 친구들이 쪽지를 주고받는 모습에 '나도 해야지' 자극을 받는다.

물론 아이의 언어 감각이 뛰어나 글자에 빨리 호기심을 보인다면 서너 살에 한글을 배워도 전혀 문제가 없다. 이런 경우라면 "지금은 상상력을 키워야 하니 한글은 나중에 가르치세요!", "핀란드에서는 초등학교 입학 전에 글자를 가르치지 않는대요"라고 설득할 필요가 없다.

다만 요즘 분위기를 보면 아이가 빨라서라기보다는 부모들이 빠르게 유도하거나 강요하는 경우가 많다. 아이가 겨우 서너 살인데도 '한글부터 떼야 한다'는 생각에 비싼 전집을 사들이거나 학습지를 신청하는 것처럼 말이다. 빨리 시작해서 어서 끝내면 모를까 2~3년 배우다 대여섯 살에 한글을 뗀다면 그 시간이나 돈이 아쉬울 수밖에 없다.

한글은 굳이 긴 시간이나 에너지를 투입해서 배울 필요가 없다.

아이가 그림책을 즐기다 적정 시기가 되어 '한글이란 꼭 필요한 거구나', '배우면 좋겠다'라고 생각하고 익히면 끝이다. 생활 속에서 자연스럽게 배우고 넘어가야지 '한글 떼기'에 집중하면 아이가 외려 스트레스를 받아 책 읽기에서 손을 놓을 수도 있다. 엄마들에게 한글의 존재가 딱 그렇다. 떼기 전에는 뭔가 무거운 숙제를 부여받은 듯싶지만 막상 떼고 나면 별것 아닌 성장 과정에 불과하다. 초등 고학년 엄마들에게 물으면 하나같이 이렇게 말하는 까닭이다. "어휴, 때 되면 다 떼!"

한글 배우기에 딱 좋은 시기

이건 어떻게 읽어요?

그림책에 어떤 글자가 쓰여 있는지, 무슨 뜻인지 궁금해한다면 당장 엄마의 촉을 세운다. 그림책 제목을 한 글자씩 손가락으로 짚어가면서 반복해서 말해주다 나중에 슬쩍 물어볼 것. 아이 스스로 글자를 짚어가면서 소리를 기억한다면 글자에 소리를 대입한다는 뜻이니 한글 배울 준비가 얼추 되었다. 사실 초기에는 글자 덩이조차 구분하지 못한다.

저기 '약'이라고 쓰여 있어요!

아이가 지나가면서 자주 접한 글자를 읽을 수 있다면 좋은 신호다. "엄마, 저기 '약'이라고 쓰여 있어요.", "신발장에 친구 이름 '보미'가 쓰여 있어요." 이런 말을 한다면 아이가 소리와 글자를 맞출 수 있다는 얘기. 이때 한글을 배우면 쉽게 깨친다.

끝말잇기가 재미있어요!

아이들의 어휘가 어느 정도 쌓이면 끝말잇기가 가능하다. 끝말잇기, 같은 글자로 시작하는 단어 말하기, 맨 앞의 글자를 맨 뒤로 보내는 단어 게임 등을 통해 아이의 입말이 얼마나 발달했는지 확인한다. 규칙을 바꾸면서 말놀이가 가능하다면 아이의 음성 언어가 풍부해졌다는 뜻. 이때 '아기', '기차', '차례' 등 연결해서 배우면 단어 확장이 쉽다.

우리 아이 한글, 이렇게 뗐습니다!

한글을 배우는 불변의 기준은 세 가지다. ① 아이가 글자에 관심을 보일 때(인지가 가능하다는 뜻) 흥미에서 시작하기, ② 어린 나이에 한글에 관심을 보인다면 통 문자를 그림처럼 인식하다 조합 원리로 넘어가기, ③ 대여섯 살에 배운다면 조합 원리를 통해 한글을 깨치는 것이다. 그렇다면 한글 학습의 첫 단추는 어떻게 뀈 수 있을까. 내가 주변에서 가장 자주 들었던 '우리 아이는 이렇게 한글 뗐어요'의 통로는 다음과 같았다.

제목 읽기

아이가 글자에 흥미를 보인다면 책 제목을 손가락으로 짚어가면서 소리 내어 읽어준다. 그림책 제목은 가장 크고 선명하며 심지어 쉬운 글자들이 많다. 아기, 아이, 기차, 마녀 등 받침이 없는 글자들을 중심으로 알려주시라. 책을 읽으면서 한 번, 다 읽은 후에 한 번 더 제목을 알려줘서 제법 잘 기억한다면 가장 이상적이다. 다른 책을 읽을 때에도 제목 위주로 알려주다가 그 단어들이 좀 쌓이면 한글이 어떻게 조합되는지 알려준다. 자고로 그림책 제목만 다 읽어도 한글을 뗄 수 있다.

간판 읽기

"자연스럽게 한글을 뗐어요"라고 증언하는 엄마들의 다수가 간판을 지목했다. 그림책의 제목처럼 길거리의 간판은 아이들에게 가장 커다랗고 강조되어 보이는 글자다. 아이들의 시선이 쏠릴 수밖에 없다. 어떤 아이는 동네에서 매일 보던 간판 글자를 통해 한글을 익혔는가 하면, 또 다른 아이는 간판에서 글자찾기놀이를 하다가 한글을 뗐노라고 말했다.

나 역시 아이에게 한글을 알려줄 때 대한민국의 휘황찬란한 간판 덕을 톡톡히 봤다. 길을 지나다 보면 형형색색 대형 간판들이 얼마나 많은가. 제목이 그림책의 대표 선수라면 간판은 세상 글자들의 동 대표쯤 된다. 거의 예외 없이 글자를 처음 습득한 아이들이 읽기 솜씨를 뽐내고 확인하는 곳이 간판이다. 참, 간판 읽기와 비슷한 방법으로는 과자 봉지 읽기가 있다. 아이와 다정하게 과자를 먹으면서 엄마가 봉지의 글자를 알려주는 것이다.

한글 카드

고전적이지만 여전히 효과적이다. 두꺼운 종이와 굵은 펜만 있으면 학습 교재 만들기 끝(시중에서 저렴하게 판매하는 한글 카드도 많다). 앞쪽에는 물건의 그림을 그리고 뒤쪽에는 한글을 적은 뒤 아이와 게임하듯 카드를 뒤집으면서 글자를 기억한다. 과자와 같은 경품을 내걸어도 좋다. 경품이 더해지면 아이들은 열성을 다해 배운다. 한글 카드의 친척뻘쯤 되는 노출 전략도 있다. 집 안 물건에 한글 이름을 죄다 붙여놓고 아이와 그것들을 하나씩 떼어내는 놀이다. '바나나', '사과', '모자'와 같이 받침이 없는 쉬운 물건부터 시작하자. 아이의 인지 능력이 뛰어날수록 노출과 반복은 한글을 떼는 데 큰 도움이 된다.

〈한글이 야호〉

아이와 한글 공부를 할 때 EBS 텔레비전 프로그램 〈한글이 야호〉를 애용하는 엄마들이 꽤 많다. 〈한글이 야호〉는 자음과 모음의 결합 원리를 통해 한글을 배우는 방송이다. '구두'라는 글자는 'ㄱ'과 'ㅜ'의 소리가 더해져 '구'가 되고 다시 '두'와 결합된다고 설명한다. EBS 홈페이지나 유튜브에서 검색하면 〈한글이 야호〉 시즌 1, 2를 볼 수 있는데, 시즌 2는 과거에 제작된 시즌 1의 업그레이드 버전이다. 한글 카드나 간판으로 한글에 호기심이 생긴 아이에게 막상 조합 원리를 어떻게 알려줘야 할지 고민이라면 하루에 한 편씩 보여준다. 이때 자모음표 하나쯤은 벽에 붙여놓아야 효과적이다.

이제까지 열거한 방법이 통하지 않는다면 마지막 카드를 사용한다. 한글 학습지 선생님을 집으로 초대하는 일이다. 여섯 살 후반을 넘겨서 학습지를 하면 6개월 안에 한글 읽기를 대충 끝낼 수 있다. 분위기상 아이도 '이제 좀 배워야 하나 보다'라고 생각하니까 배움에 속도가 붙는다.

휴, 이제 한숨 돌려도 되는 거지? 웬걸, 한글을 알았으니 혼자 읽기에 돌입해야 한다. 유아기에 "한글을 뗐어요!"라고 말하려면 그림책을 혼자서 읽고 (어설프게라도) 글쓰기가 가능해야 한다. 단계로 따지자면 '글자 읽기 < 책 읽기(읽기 독립) < 받아쓰기' 순이다. 읽기 독립의 첫 단추는 '가장 만만한 그림책'이다. 글이라고는 한두 줄에 불과한, 돌에 보던 보드북이 최고다. 페이지마다 짧은 문장이 전부인데다 똑같은 구문이 반복되니 아이들이 읽기 연습을 하기에 좋다. 보드북을 제법 잘 읽는다면 글줄은 적지만 다음 이야기가 궁금한 그림책에게 슬쩍 짐을 떠넘긴다. '까까똥꼬 시몽', '코끼리와 꿀꿀이' 시리즈 정도의 수준이 적당하다. 눈치챘겠지만 읽기 독립의 핵심은 '완독 경험'에 있다. '내가 책 한 권을 다 읽었다', '혼자 해냈다' 이런 자부심이 쌓일수록 아이는 책 읽기에 흥미를 보인다.

미리 말하자면 아이가 읽기 독립에 들어선 때는 부모의 인성을 한껏 고양시킬 수 있는 절호의 기회다. 자, 아이의 읽기 독립기에 부모의 역할이란 ① 칭찬을 폭풍처럼 쏟아내기, ② 서툴러도 기다려주기, ③ 책 계속 읽어주기 이렇게 3종 세트 되겠다. 특히 아이가 방금 읽었는데도 무슨 뜻인지 모르거나 아는 글자도 자꾸 틀리게 읽거나 혹은 단 한 줄 읽고 한참을 쉬더라도 우리는 한껏 미소를 지으면서 이렇게 말해야 한다. "정말 대단하다!", "오, 이렇게 긴 것도 읽을 줄 알아?"

PS

한글을 늦게 때도 미리 확인할 것

생활 속에서 한글 노출하기

다섯 살을 넘겼다면 길거리에서 표지판을 읽거나 친구에게 초대장을 보내는 등 일상생활에서 글자가 필요하다는 사실을 알려준다. 그리고 지하철을 타고 나들이를 가면서 스스로 길을 찾게 한다. 가령 청량리에 간다면 가장 쉬운 글자인 '리'를 알려주고 길찾기놀이를 한다. 아이는 금세 재미를 붙여 이렇게 외칠 것이다. "엄마, 이쪽으로 가래! 여기 글자가 세 개인데 '리'가 있잖아!"

손아귀 힘 길러주기

"일곱 살이 됐는데도 쓰기를 싫어해요!" 종종 이런 얘기를 하는 엄마들이 있다. '쓰기'를 하려면 손에 계속 힘을 줘야 하니 힘들어서 그렇다. 나중에 한글을 배우더라도 다섯 살부터는 손아귀 힘을 키워야 하는 이유다. 그리기, 가위질하기, 색칠하기, 블록 만들기 등 손놀이를 자주 한다.

글자 쓰는 순서 알려주기

아이들은 글자를 그림처럼 그려댄다. 우리 아이는 '김'자를 쓸 때 아래에 위치한 'ㅁ'을 먼저 쓰고 그 위에 탑을 쌓듯 다음 글자를 올렸다. 이렇게 기준 없이 글자를 쓰다가는 나중에 엄마가 그걸 고쳐주기 위해 눈을 부릅떠야 한다. 아이가 유치원에서 자기 이름을 쓰기 시작하면 엄마가 몇 가지 기준을 미리 알려준다. "글자를 쓸 때는 규칙이 있어. 가로선은 왼쪽에서 오른쪽으로, 세로선은 위에서 아래로 쓰고, 동그라미는 시계 반대 방향으로 그려야 해."

한글 자극 그림책

『시리동동 거미동동』
권윤덕
창비

제주도의 말잇기 전래 동요를 바탕으로 만들어진 책. 바다로 물질 나간 엄마를 기다리는 외로운 아이가 까만 돌담의 작은 거미, 토끼, 까마귀, 푸른 하늘, 깊은 바다를 만난다는 이야기. 운율을 넣어서 잘 읽어주면 아이가 말잇기에 재미를 느낀다.

『책 읽는 강아지 뭉치』
테드 힐스
상상박스

강아지 뭉치가 얼떨결에 새의 제자가 되어 글자를 배운다는 이야기. 책 속에 자음과 모음, 그리고 간단한 단어가 나와 이제 막 글자에 관심을 보이는 아이를 자극하기에 충분하다. 그다음 이야기인 『글 쓰는 강아지 뭉치』도 있다.

『기차 ㄱㄴㄷ』
박은영
(주)비룡소

'ㄱ'부터 'ㅎ'까지 기차의 여정을 따라 이야기로 자음을 익히는 책. 잔잔한 이야기지만 기차가 주인공인지라 아이들이 곧잘 읽는다. 원래 얇은 종이로 제작되던 것이 지금은 보드북으로 나온다.

『늑대야 늑대야, 뭐하니?』
에리크 팽튀 글
레미 사이아르 그림
푸른숲주니어

배고픈 늑대가 구덩이에 빠진다. 마침 길을 지나가던 토끼는 보란 듯이 늑대를 놀려댄다. 그것도 '가나다라' 글자에 맞춰서. 이야기를 몇 번 반복하면 '가'부터 '하'까지 자연스럽게 기억한다. 가나다 기본 글자를 익힐 즈음에 읽으면 좋다.

『말놀이 동시집 1』
최승호 글 윤정주 그림
㈜비룡소

낱말놀이와 운율놀이를 통해 한글에 흥미를 가질 수 있도록 만들어진 동시집. 한창 글을 익히는 아이들이 '말'과 '문장'의 재미를 느낄 수 있다. '라미 라미, 맨드라미, 라미 라미, 쓰르라미, 맨드라미 지고, 귀뚜라미 우네'와 같은 식이다. 말장난 같지만 아이들은 재미있어 한다.

5~7세 그림책 읽기 Q&A

Q 글자 없는 그림책이 있다던데?

오직 그림만으로 이야기를 이끌어가는 그림책이 있다. 유명세로 따지자면 에릭 로만의 『이상한 자연사 박물관』과 레이먼드 브릭스의 『눈사람 아저씨』, 데이비드 위즈너의 『시간 상자』 등이 꼽히지 않을까. 글이 한 줄도 없지만 생생한 그림과 이야기에 아이들이 푹 빠져서 본다. 최근에는 데청 킹의 『케이크 소동』, 2014년 칼데콧 명예 상 수상 작품인 에런 베커의 『머나먼 여행』 정도가 눈에 띈다.

글이 없어서 어떻게 읽어줄지 감이 잡히지 않는다면 그림을 보면서 아이와 자연스럽게 수다를 떠시라. 『이상한 자연사 박물관』을 읽는다면 "여기가 어딜까? 공룡 박물관인가 보다.", "새가 날아가네, 공룡이 살아났어, 어떻게 된 거지?" 그림을 보고 간단하게 설명하거나 아이가 이해할 만큼 힌트만 줘도 충분하다. 사실 글자 없는 그림책은 유아기 아이들에게 제격이다. 아이들은 본능적으로 그림을 읽어내는 능력이 어른들보다 탁월한데다 글이 없다 보니 그림에 더 집중하면서 이야기를 창의적으로 상상한다.

Q 백과사전, 꼭 필요할까?

유아기에는 사진이나 그림 위주의 백과사전이 효과적이다. 어려운 이야기를 사진 한 장, 그림 한 장으로 표현했다면 가장 좋다. 유명한 전집으로는 웅진다책의 'DK 비주얼 박물관'이나 루크북스의 '루크 어린이 첫지식 백과 박학다식' 등이 손에 꼽히지만 글로 된 설명이 유아에겐 다소 어렵다. 그렇기 때문에 지금은 사진이나 그림 위주로 보여주다가 6, 7세가 되면 글까지 읽어준다.

아이들에게 백과사전은 참고서 같은 책이다. 줄줄이 쌓아놓고 읽기보다는 다른 책을 읽다가 관련된 내용을 찾아보거나 자신이 좋아하는 주제 편을 보충해 읽는 식이다. 무엇보다 백과사전이 빛을 발하는 시기는 초등학교에 들어가면서부터. 유아기에 있으면 좋긴 하나 "꼭 있어야 합니다"라고 말하기는 애매하다.

Q 만화책, 벌써부터 봐도 될까?

만화책에 대한 고민은 20~30년 전부터 쭉 이어져 내려오는, 뼈대가 굵은 고민이다. 많은 부모들이 "아이가 만화책만 좋아해요", "벌써 만화책을 봐도 될까요?"라고 고민해왔으니까. 사실 부모들이 만화책을 두려워하는 데에는 나름의 이유가 있다. 문학적 사고력과 언어 능력을 키우는 데(쉽게 말해 공부하는 데) 만화책은 딱히 도움이 되지 않는다. 만화책 한 권을 탈탈 털어보시라. '앗!', '으악', '으아아아', '쩌억', '뿌직', '꽉' 등과 같은 짧은 의성어나 의태어가 많을 뿐 긴 문장이 별로 없다.

어차피 아이가 초등학교에 가면 만화책에 푹 빠질 터, 유아기에는 그림책을 풍성하게 읽도록 유도한다. 굳이 원한다면 학습만화책 위주로 사주거나 '만화책은 도서관에서만 본다'는 규칙을 정한다. 실제로 도서관에서 '열심히' 책 읽는 아이들의 대부분은 학습 만화책을 보는 중이다.

Q 영역별로 책을 다 사야 할까?

아이가 6, 7세가 되면 많은 엄마들이 모든 영역의 책을 집 안에 들여놓아야 하지 않을까 고민한다. 마치 어떤 책을 사주지 않으면 비타민 A가 결핍되어 야맹증에 걸리지 않을까 불안해하는 모습이다. 집 안에 다양한 책이 있다면 분명 유리한 점이 많다. 연계 독서를 한다거나 초등 준비를 하기에 좋다. 하지만 그 많은 영역을 다 사기는 부담스러운 법. 6, 7세라면 창작, 명작, 전래, 자연관찰, 수학, 과학그림책을 중심으로 하되, 아이의 흥미에 따라 추가하는 것이 좋다. 아니면 도서관에서 다양한 책을 빌려보는 것도 한 방법이다.

무엇보다 요즘 아이들은 유치원이나 어린이집에서 누리 과정을 통해 꽤 체계적인 교육을 받는다. 가정에서 수학책이나 미술책을 읽어주지 않아도 유치원에서 관련 그림책을 보거나 활동을 다양하게 한다는 얘기다. 그것도 통합 교육을 통해서!

Q 종이책 vs 전자펜 vs 전자패드?

바쁜 부모들을 도와주는 책 관련 전자 제품이 많다. 그림책에 펜을 갖다 대면 성우들의 목소리가 나오는 전자펜, 천장이나 흰 스크린에 영상을 쏘는 빔 프로젝터, 전원만 켜면 다양한 책을 볼 수 있는 전자패드까지 종류도 다양하다. 과연 그림책 읽기에 이러한 첨단 기기를 어디까지 적용할 것인가.

우리는 이미 정답을 알고 있다. 세상이 아무리 스마트 시대라 해도 내 아이 손에 스마트폰을 일찍 쥐어주는 것을 반기는 부모는 없다. 그림책이 오랫동안 인류에게 칭송받는 이유는 그것이 아날로그 방식이기 때문이다. 그림책을 읽는 행위에는 아이가 종이의 질감을 느끼면서 책장을 넘기고 종이에 그려진 그림을 통해 상상하는 과정이 포함되어 있다. 특히 유아기는 구체적인 사물을 통해 세상을 알아가고 부모와의 애착을 쌓는 시기, 책을 '책답게' 보려면 종이책이 가장 좋고 부모가 읽어줘야 제일이다. 부모가 바쁘다면 CD를 틀어주거나 너덧 살을 넘겨 전자펜을 쥐어준다.

Q 책을 싫어하는 아이에 대한 처방전은?

전문가나 선배 엄마 모두 비슷한 처방전을 내놓는다.

① 조금 쉬운 책을 내민다.
② 아이가 흥미로워하는 주제의 그림책을 보여준다.
③ 부모의 목소리로 읽어준다.
④ 이야기책을 싫어한다면 '미로책'이나 '찾기책' 위주로 흥미를 이끌어낸다.

내 의견을 덧대자면 책을 싫어하는 아이는 '듣기 습관'부터 잡아줘야 한다. 엄마가 자기 전에 습관적으로 책을 읽어주거나 평소 여유 시간에 이야기 CD를 틀어놓거나 그것도 아니라면 잠자리에서 입말로 옛날이야기를 들려준다. 아이가 이야기 듣기에 익숙해지면 그림책 읽기가 훨씬 수월해진다. 또 다른 팁. '겨울 방학을 공략하라!' 수험생에게 돌리는 전단지 문구가 아니다. 책을 싫어하는 아이에게 겨울 방학은 책에 재미를 붙이기 가장 좋은 시기다. 바깥 활동이 잦은 여름과 달리 방바닥에서 뒹구는 시간이 많다 보니 텔레비전 시청 시간만 잘 조절하면 책 읽을 기회가 많다.

Q 아이가 텔레비전 만화에 너무 빠졌다면?

한동안 영상 매체를 '완전히' 차단한다. 하루에 30분만 보여주면 어떨까? 15분은 괜찮겠지? 아이는 아직 자기 조절 능력이 없다. 감질나게 보여주면 더 떼를 쓰기 십상이니 텔레비전의 코드를 빼버리거나 아예 없애시라. 아이들은 한동안 눈에 보이지 않으면 또 언제 그랬냐는 듯 새로운 환경에 적응한다. 가만있자, 우리 집에서도 아이가 파워레인저에 격하게 빠졌을 때 단절 요법을 시행했고 톡톡히 효과를 보았다.

Q 어떤 그림책 상이 유명할까?

• **칼데콧 상** The Caldecott Medal

미국어린이도서관협회에서 실력이 뛰어난 일러스트레이터에게 수여하는 상. '칼데콧'은 19세기 영국의 그림책 작가인 랜돌프 칼데콧에서 이름을 따왔다. 수상자가 받는 메달에는 그의 대표작 『존 길핀의 야단법석 대소동The Diverting History of John Gilpin』(『그림책의 아버지 칼데콧 ①』에 수록되어 있음)의 한 장면이 그려져 있다. 수상작 목록이 궁금하다면 인터넷 서점에서 '칼데콧 수상작'을 검색할 것. 『괴물들이 사는 나라』부터 『애너벨과 신기한 털실』까지 역대 수상 작품들이 주르륵 나온다.

• **볼로냐 라가치 상** Bologna Ragazzi Award

이탈리아 볼로냐에서 해마다 열리는 세계적인 국제아동도서전에서 주는 그림책 상. 누군가는 '아동 도서의 노벨상'이라고 부른다. 우리나라에서는 강경수의 『거짓말 같은 이야기』, 고경숙의 『마법에 걸린 병』 등이 수상했다.

• **케이트 그린어웨이 상** Kate Greenaway Medal

북스타트가 시작된 영국의 대표적인 그림책 상. 19세기 영국의 화가이자 그림책 삽화가인 케이트 그린어웨이의 이름을 따서 상을 만들었다. 앤서니 브라운의 『고릴라』, 존 버닝햄의 『검피 아저씨의 뱃놀이』, 로렌 차일드의 『난 토마토 절대 안 먹어』 등이 우리에게 유명한 수상작으로 영국적 색채가 강한 작품을 만나고 싶다면 주목한다.

Q 이제 빌려 봐도 되겠지?

유아기 내내 아이에게는 자신이 아끼고 즐길 만한 책이 '충분히' 있어야 한다. 심심할 때 꺼내서 볼 만한 책, 방바닥을 뒹굴다 손에 잡힐 만한 책 말이다. 문제는 '충분히'라는 부사의 범위다. 어떤 집에서는 2백 권, 어떤 집에서는 2천 권이니 온도 차가 굉장히 심하다.

요맘때의 책 보유량에 대해서는 아이의 취향이 기준이다. 5, 6세를 넘기면 아이의 책 읽기 패턴이 확연히 갈린다. 새로운 책을 선호하는 아이와 (새로운 책이 필요하지만) 자신이 좋아하는 책을 반복해서 보는 아이. 전자라면 정기적으로 도서관에 가는 방식이 효율적이고 후자라면 사서 보는 편이 낫다. 아이가 토씨 하나까지 외울 만큼 반복해서 본다면 책 구입 비용이 절대 아깝지 않다.

아이를 갓 낳았을 때는 보이지 않던 것들이 시간이 갈수록 또렷하게 보인다.
다시 아이를 키운다면 꼭 기억하고 싶은 것들,
갓 아이를 낳았다면 후회하기 전에 꼭 봐야 할 선배들의 이야기.

지금은 알지만
그때는 몰랐던 것들

★

아이가 유치원에 간 오전 시간, 나는 또래 아이를 둔 엄마들과 커피를 마시며 수다를 떨고 있었다. 엄마들이 모이면 언제나 이야기의 시작과 끝은 육아나 교육 문제다. 아이가 6,7세가 되면 엄마들은 언제든 초등과 선행, 학원 이야기에 적극 동참할 자세를 갖춘다. 아주 가끔, 날씨가 어둡게 내려앉거나 아이에게 어떤 문제가 나타나면 스스로 자아비판에 나서기도 한다.

"난 정말 아이를 잘 키울 줄 알았어!" 첫 번째 엄마가 솜에 젖은 목소리로 서두를 열었다. 자신감에 가득 차 의기양양하게 아이를 낳아 키웠지만 육아가 생각처럼 되지 않았노라고 말했다. 이번에는 다른 엄마가 첫째를 키웠을 때의 이야기를 쏟아냈다. 무엇이든 빨리, 많이, 비싼 교육 기회를 첫째에게 제공해주었지만 둘째를 키우면서 생각해보니 죄다 자신의 욕심에 지나지 않았다는 이야기였다. 시간이 갈수록 커피 잔은 비워져갔고 우리들의 얼굴은 과거에 대한 후회로 가득했다.

아이가 6,7세가 되면 부모의 직업은 종종 '반성하는 사람'으로 바뀐다. 아이가 단체 생활을 하다가 어떤 단점이 보이면 지난 유아기가 필름 돌아가듯 순식간에 머릿속에 떠오른다. 과거에 내가 행했던 육아 행위가 아이에게 독이 되었던 것은 아닐까, 내가 잘못해서 이런 결과가 나온 것은 아닐까, 이렇게 반성을 하며 혼자서 끙끙 앓는다.

사실 아이가 서너 살이 될 때까지는 아이의 기질보다 부모의 욕심이 앞서기 쉽다. 아이가 스스로를 표현하기 어려운데다 부모가 교육적 열망에 사로잡혀 있다 보니 무엇이든 일방적으로 밀어붙이는 것이다. 이대로만 실천하면 '잘난 아이'를 키울 것만 같은 자신감으로 가득할 때니까, 어떻게 보면 당연하다. 그러다 아이가 유치원에 가고 집단 속에 끼어 생활하면서 장단점이 부각되면 그제야 '아차' 싶은 생각이 든다.

육아란 것이 그렇다. 수많은 육아 정보를 머릿속 파일에 가득 담는 데만도 몸소 겪어야만 하고 시간을 온전히 들여야만 한다. 그러니까 10년, 20년 선배들이 툭 던지는 "내가 키워보니까", "지금 돌아보면"으로 시작되는 육아 조언에는 묵직한 삶의 시간이 녹아 있는 셈이다. 웬걸, 유아기만 잘 보내도 눈앞을 뿌옇게 가렸던 안개가 걷히면서 저 멀리까지 시야가 트이는 기분이다.

유아 독서, 3가지만 있으면 성공한다!

아이가 자랄수록 나는 그림책에 대해 '크게' 오해하는 부분이 있다는 걸 깨달았다. 아이가 돌을 지나던 무렵, 나는 성공적인 책 읽기는 엄마의 교육적 열정이나 희생, 재정적 투자가 있어야만 가능하다고 생각했다. 적어도 비밀스러운 전략 노트가 한 권쯤은 있어야 실천할 수 있으리라 여겼다. 인터넷 커뮤니티에 쏟아지는 수많은 이야기들, '어떻게 하면 아이가 책을 좋아할까요?', '책 좋아하는 아이로 키우고 싶어요!'라는 질문이 괜히 나온 것이 아니라고 믿었다. 그런데 막상 유아기를 겪어보니 그림책 읽기에 필요한 조건은 딱 3가지에 불과했다.

① 아이가 좋아할 만한 그림책이 있고
② 책을 읽어주는 부모가 있으며
③ 매일 부모가 아이와 함께 책을 즐긴다면
⋯▸ 당연히 아이는 그림책 읽기를 좋아할 것이다.

아이의 책 읽는 습관은 ①, ②, ③번을 통해 매일 축적된다. 오히려 책 좋아하는 아이의 환경을 살펴보면 뾰족한 비결이나 비밀이 없는 경우가 많다. 어렸을 때부터 아이가 읽을 만한 그림책이 집 안에 뒹굴고 부모가 책을 좋아해 아이에게 '일찌감치' 그림책을 읽어주었다는 것 정도가 노하우랄까.

그렇다. 책을 일찍 접하는 것은 분명 효과적이다. 어떤 엄마는 태교할 때 본 그림책을 아이가 6개월쯤 되면서부터 장난감처럼 주변에 늘어놓았다고 말했다. 또 다른 엄마는 자신의 두 아이를 비교 분석하며 나름의 결론을 내리기도 했다. 생후 8개월에 그림책을 접한 첫째와 두 돌에 그림책을 접한 둘째의 반응이 온전히 달랐다는 것. 어느 쪽이 효과적이었냐고? 당연히 8개월부터 그림책을 가지고 논 첫째다. 그림책에 대한 애착 지수가 더 쌓였을 수도 있겠지만 그보다는 자극적인 환경에 노출되기 전에 그림책의 재미를 충분히 습득했을 가능성이 높다.

아예 '책 읽는 데 특별한 비결이란 없습니다'라고 증명하는 나라도 있다. 전 국민적으로 책 읽기 습관이 잘 형성된 북유럽의 나라 스웨덴이다. 그들의 독서 교육에는 어떤 비결이 있을까. 나는 이 질문을 던지기 위해 『스칸디 부모는 자녀에게 시간을 선물한다』

의 저자인 황선준 박사를 만났다. 북유럽 교육의 전문가로 통하는 그에게 내가 궁금한 것은 한 가지였다. "세계에서 부러워하는 스웨덴의 독서 교육은 어떻게 탄생된 건가요?" 그의 대답은 싱거우리만큼 단순했다. 스웨덴 독서 교육의 비밀은 '잠자리 독서'에서 시작된다는 것.

"스웨덴은 해가 짧아서 아이들이 저녁 8시에서 9시 사이에 잠이 듭니다. 부모는 매일 잠자리에서 책을 읽어주면서 독서에 대한 흥미를 갖게 하고 조금씩 어려운 내용의 책을 보여주면서 독서력을 키워주지요."

또 다른 핵심은 부모 스스로 책을 읽는다는 점이었다. 스웨덴의 부모들은 저녁을 먹은 뒤 거실에서 책을 읽거나 혹은 아이를 재운 뒤에도 책을 본다(아이가 볼 때만 책을 읽는 우리의 모습과는 다르다). 지하철이나 식당에서 사람들과 책 얘기를 자주 하니 굳이 아이에게 '책 읽어라' 강조할 필요가 없다. 그러니까 스웨덴에서는 ①, ②, ③번 조건을 너무나 자연스럽게 실천하는 까닭에 무엇이 비결인지조차 인지하지 못하는 셈이다.

그렇다면 스웨덴에서는 자연스럽고 당연한 유아 독서가 왜 대한민국에서는 '해내야 할 과업'처럼 여겨지는 걸까?

재미 vs 투자

부모가 되는 순간, 우리는 우거진 숲을 걸어가는 동화 속 주인공이 된다. 숲은 낯설고 종종 바람 소리에 겁이 난다. 온몸은 긴장으로 움츠러든다. 숲길을 걷는 즐거움을 느끼기보다 제대로 걸어갈 수 있을지 걱정부터 앞선다. 아이를 낳아서 그림책을 읽어주는 모습도 비슷하다. 즐겁게 책을 읽으면 좋겠지만 대개는 그렇게 하지 못한다.

이유는 간단하다. 이미 우리에게 그림책이란 '내 아이 똑똑하게 키우기 프로젝트'의 일부분인 탓이다. 아이를 가진 순간부터 읽어 댄 수많은 육아서의 내용과 사회 분위기를 토대로 머릿속에는 이미 결론이 내려져 있다. 그림책을 열심히 읽혀서 두뇌를 발달시키고 인지력을 높여야겠다, 남들보다 빨리 한글을 떼야겠다, 나중에 적어도 스카이에는 보내야겠다고 생각하니 책 읽기의 즐거움이 끼어들 수가 없다.

무엇 vs 자주

아이를 갓 낳은 부모일수록 '무엇을 읽힐까'에 집중한다. 기저귀도 제일 좋은 것을 골라야 하고 장난감이나 그림책도 인지 발달에 좋은 것을 골라야 한다(이 시기 엄마들은 아이를 위해서 무엇이든 좋은 것을 골라야 한다는 선택의 딜레마에 빠진다). 교육적 욕심이 강하다 보니 누구누구가 읽히는 전집, 어떤 회사에서 추천하는 비싼 책이 꼭 필요할 것만 같다. 곳곳에서 '나는 이렇게 성공했소!' 식의 성공담이 넘실대니 책을 사들이는 일이 '교육 투자'와 동급처럼 다가온다.

하지만 아이가 자랄수록 엄마들은 '무엇'을 읽어주기보다 '매일' 읽어주기가 더 중요하고 어렵다는 걸 깨닫는다. 하루 이틀 열심히 하기는 쉬워도 365일, 아니 유아기 7년 내내 책을 읽어주기란 쉽지 않다. 생각해보면 그림책 읽기에 있어 가장 필요한 엄마의 DNA란 열성적인 교육열이나 희생정신이 아니다. 매일 똑같은 과정을 즐기면서 반복하는 지구력 혹은 그림책에 폭 빠져 그 세계를 오롯이 즐기는 마음이다.

육아 복지 vs 독박육아

육아 복지가 잘 구축된 스웨덴에 비해 우리나라에서는 엄마가 독박육아에 빠질 가능성이 높다. 출산을 하면 좁은 집에서 하루 종일 아이와 단둘이 보내야 한다. 갑자기 개인사는 사라지고 아이 젖 먹이고 똥 기저귀 갈아주는 데 온 정신을 몰입하다 보니 마음까지 우울해진다. 기댈 언덕이 많았던 대가족 체제에서 아이를 낳을 때보다 상황이 더 좋지 않다. 아무리 그림책에 관심이 많은 엄마라도 이런 생활을 365일 반복하다 보면 책이고 뭐고 보이지 않는다. 그림책을 읽을 여유조차 없거나 읽어주더라도 '빨리 권수나 채워야지' 싶다.

그림책을 잘 읽어주고 싶다면 양육자 스스로의 에너지를 어떻게 보충할지부터 고민한다. 선택은 몇 가지다. 친정이든 시댁이든 부모님께 용돈을 드리면서 손을 빌리거나 남편에게 일찌감치 육아 부담을 나누거나 그것도 안 된다면 저축해둔 돈을 좀 쓰더라도 육아도우미를 불러야 한다. 나갈 돈도 빠듯한데 돈이 어디서 나오냐고? 당신의 알뜰살뜰한 마음이야 이해하지만 요맘때 스스로의 휴식을 위해 쓴 돈만큼 효율적인 투자는 없을 것이다.

유아 독서가 어렵게 느껴지는 '진짜' 이유

그림책 읽어주기에 대한 정보도 많고 훌륭한 그림책이 사방에 깔렸는데도 요즘 엄마들에게 유아 독서는 오히려 어렵게 다가온다. 이유는 간단하다. 본질보다 부가적인 요소에 과하게 집중하기 때문이다. 매일 성실하게 책을 읽어주기보다는 남들이 읽힌다는 전집에 집착하거나 그것을 싸게 사기 위해 필요 이상으로 시간을 허비한다.

영국에서 북스타트 운동이 진행될 때만 해도 유아에게 책을 읽어주는 일이란 매우 자유스럽고 즐거운 일상이었다. 부모와 아이가 부담 없이 즐길 수 있는 놀이처럼 말이다. 신기하게도 그것이 대한민국에 상륙하자 특유의 교육열과 자본주의 마케팅이 더해져

화학 작용을 일으켰다. 그림책 읽어주기가 복잡하고 심각한 '유아기 과제'로 변모한 것이다. 가령 아이를 키우면서 나는 이런 이야기를 심심치 않게 들었다. "아이가 그림책을 붙잡으면 무조건 강한 반응을 보여야 해. 환한 얼굴로 칭찬을 하면서 읽어주는 거지!", "아이가 좋아하는 책을 찾아야 해. 내 아이에게 딱 맞는 책이 있다니까!", "그 단계 책 읽혔어? 이제 다음 단계로 넘어가야지!", "교과 연계 전집 샀어?" 하지만 정작 아무도 내게 말해주지 않는 사실이 있었다.

아이들은 모두 이야기를 좋아한다.

아이들은 태생적으로 이야기 듣기를 좋아하고 그림책 보기를 즐긴다. 아이들은 굳이 엄마가 열성과 정성을 다하지 않더라도 이야기에 쉽게 빠지며 그림책을 보여주면 두 눈을 반짝거린다. 생각해보면 그 옛날 호롱불 옆에서 할머니가 아이에게 강제로 이야기를 들려주지도 않았고, 세계 곳곳에서 부모가 아이를 혼내면서 베드타임 스토리를 들려주지도 않았다. 외려 아이들은 이제 그만 잠자리에 들자는 할머니와 부모에게 '한 권만 더'를 강하게 외치지 않았던가. 아이들은 알록달록 그림이 그려져 있고 부모의 따뜻한 목소리가 겹쳐지는 그림책 세상에서 계속 머물고 싶어 한다.
언제부터 우리는 아이들이 이야기를 좋아하고 그림책에 쉬이 빠진다는 사실을 까맣게 잊어버린 걸까. 대신 어떤 책을 꼭 읽어줘야 한다든가, 어떤 비법이 필요하다든가 그런 얘기에만 집중하게 된 걸까. 이건 아무래도 아이를 낳으면서 접해온 수많은 마케팅의 영향이 아닐까 싶다. 그들은 갓 부모가 된 사람들에게 '이렇게 해야만 아이가 책을 좋아할 것'이라며 옆구리를 찔러대고, 그것이 아니라고 하면 은근히 겁을 주면서 말한다. "당신은 아이를 갓 낳아서 잘 몰라요!", "우리가 전문가라니까!"

이쯤에서 이렇게 반박할 사람도 분명 있을 거다. "그럼 우리 아이는 왜 그림책을 싫어하죠?" 내가 보기에 아이들이 그림책에서 재미를 떼는 이유는 딱 한 가지다. 나이에 비해 과하게 자극적인 매체를 접하거나 산만한 환경에 놓이기 때문이다. 남 얘기할 필요도 없이 우리 집에서 벌어진 몇몇 과거 이력을 생각하면 요즘 부모들의 문제가 보인다.

나와 남편 역시 아이가 어렸을 때부터 다양한 자극을 줘야 한다는 '대한민국 부모의 자극 강박증'에 시달리곤 했다(매 순간 결정적 자극을 놓칠까 걱정했다). 무엇이든 지금 당장 오감을 자극해야 아이가 잘 자랄 것만 같은 다급한 기분에 젖어 있었다. 첫 시도는 돌 무렵이었다.

12개월

우리는 인터넷에서 깜짝 놀랄 만한 문구를 발견했다. '인터넷에서 동요를 찾아 들려주니까 아이가 너무 좋아해요!' 나는 얼른 노트북을 켜고 유아 사이트에 접속해 알록달록한 배경의 동요 파일을 눌렀다. 아이는 현란한 화면에 눈을 대고 신기한 듯 함박웃음을 지어 보였다. 역시 첨단 사회에 사는 보람이 있었다.

24개월

나는 더 이상 불안해하며 화장실에서 큰일을 보고 싶지 않았다. 특단의 조치로 만화 영화 〈쿵푸팬더〉를 아이에게 보여주기로 했다. 귀여운 팬더가 시종일관 영어로 떠들어대니 왠지 영어 환경을 조성한 듯해 마음까지 뿌듯했다. 두 시간 내내 아이가 부동자세로 화면에 초 집중하는 모습이 다소 꺼림칙하기는 했지만.

48개월

아이가 '파워레인저'라는 단어를 듣고 와서는 집 안에서 방방 뛰어다니기 시작했다. 나는 파워레인저가 하나인 줄 착각했지만 그것은 1975년에 시작되어 40편 가까운 시리즈를 내놓을 만큼 화려한 역사를 자랑했다. 무엇보다 시청 시간 내내 주인공과 악당의 발길질이 이어졌고 여기저기서 폭탄이 터졌다. 내 눈에도 판타스틱, 버라이어티했다.

학습적인 내용이니까, 공공장소에서 조용해야 하니까, 영어를 잘하는 글로벌 리더로 키우고 싶으니까 어쨌든 남들이 다들 한다니까 우리는 아이의 발달은 고려하지 않은 채 자극적인 화면을 보여준다. 대한민국은 스마트한 첨단 기기의 나라이고 텔레비전을 보는 일이란 온 가족의 보편적인 문화생활이기에 돌쟁이가 스마트폰으로 만화를 보는 것도 자연스러운 일상이 되어버렸다.

태어나서 두 돌이 될 때까지 얼마나 많은 아이들이 미디어 매체에 노출될까? 2013년 육아정책연구소에서 서울과 경기에 거주하고 있는 만 0~5세 영유아를 둔 주양육자 1천 명을 대상으로 조사한 내용을 살펴보면 객관적인 수치가 드러난다. 텔레비전은 전체 영유아의 83%, 컴퓨터는 26.2%, 스마트폰은 34.1%가 두 돌이 되기 전에 보기 시작했다. 가정 내에서 텔레비전을 습관적으로 켜둔다고 응답한 수치도 30% 남짓에 달했다.

우리가 이미 알고 있지만 애써 외면하는 사실이 있다. 그림책과 동영상은 친구가 될 수 없다는 것. 책장 한 장 넘길 시간이면 만화 몇 장면이 후루룩 넘어가니 비교가 되지 않는다. 우리 아이들이 그림책도 좋아하고 만화도 사랑하면 참 고맙겠지만 이건 내가 낳은 아이가 잘생기고 성격이 좋으며 진취적인 동시에 남을 배려할 확률만큼 낮다.

사실 디지털 미디어는 아이들만의 문제가 아니다. 우리는 하루에 수십 번도 더 스마트폰을 확인하며 수십 번도 더 카톡 소리를 들으며 살아간다. 요즘 아이들이 가장 자주 보는 장면? 스마트폰을 들여다보는 부모의 모습이다. 그러다 보니 자연스럽게 부모는 이런 딜레마에 빠진다.

① 아이는 책을 좋아한다.
② 부모가 강한 자극에 아이를 노출시킨다.
③ 아이가 책에 흥미를 잃는다.
④ 부모는 아이가 책에 흥미를 가지려면 특별한 방법이나 상품이 필요하다고 믿는다.
⑤ 책 읽기에 과잉 에너지를 소모한다.

딱 이런 악순환이 진행 중이다. 요즘 부모들은 아이에게 책과 텔레비전을 동시에 보여주면서 '아이가 책을 좋아하게 만드는 방법' 혹은 '아이에게 대박 나는 전집'을 검색하고 사들인다. 코미디 같다고? 웬걸, 이게 우리의 현실이다.

아이가 책을 좋아하면 좋겠다고? 집 안에서 텔레비전을 싹 치우거나 시청 시간을 확 줄인다. 영상 매체의 자극이 사라지거나 줄어든다면 굳이 비싸거나 유명한 전집이 아니더라도 아이는 그림책을 흥미롭게 바라볼 게다. 아이가 어릴수록 책 노출은 빠를수록 좋고 영상 매체 노출은 늦을수록 좋다.

경험상 만화에 대한 욕구가 강하고 또래 문화에 민감한 너덧 살에 갑자기 텔레비전을 없애기보다는 두 돌이 되기 전에 강한 자극을 주지 않는 편이 훨씬 낫다. 아이의 욕구가 강할 때 억지로 차단하면 외려 그것에 집착할 수 있으니까(단것을 무리하게 차단하면 유치원에 들어가 사탕에 더 집착하는 것처럼). 두 돌 전이라면? 아이의 욕구가 아니라 온전히 부모의 편의에 의해 영상에 노출시키는 것이다.

엄마가 첫째에게
'거의' 주지 못하는 것

'우리 집 거실은 도서관이랍니다'를 표방하는 가정이 많아졌다. 환경적으로 본다면야 너무나 좋은 분위기이건만 요즘 아이들 중에는 책 식욕이 없는 경우가 많다. 아이 스스로 책에 대한 재미를 깨닫거나 축적하기도 전에 엄마가 지금 읽어야 할 좋은 책들을 '알아서' 열심히 읽어주니 어찌 보면 당연하다.

나 역시 아이를 키우면서 가장 뜨끔했던 지점은 아이의 책 식욕을 확인했을 때였다. 내가 책을 좋아하다 보니 혼자서 수많은 책을 검색하고 사들이고 책장에 꽂았다가 아이에게 읽어주고 있었다. '나는 괜찮은 엄마랍니다'라는 1인극을 열연하고 있는 꼴이었다. 당연히 우리 집 책장에는 한동안 두 가지가 쏙 빠져 있었다.

- (책에 대한) 식욕
- (책에 대한) 자율성

책에 대한 식욕이나 자율성은 특히 첫째에게 결핍되기 쉽다. 엄마 스스로 교육열에 푹 빠져 있는데다 온갖 육아서를 탐독한 후라 그것들을 실천하기에도 너무나 바쁘다. 세상의 유명한 책들을 그저 보여주기에만 급급한 나머지 아이의 자율성은 생각조차 나지 않는다.

엄마가 '끼고' 책을 읽어준 아이들은 초등 저학년까지는 '빨리' 가는 것처럼 보인다(초등 저학년 성적은 엄마 몫이라는 말처럼). 불행히도 엄마의 약발은 딱 거기까지다. 문제는 초등 고학년에 올라가면서 불거진다. 한 지인은 첫째가 초등학교 3학년이 되면서부터 자율성의 힘을 깨달았다고 말했다.

"첫째 때는 열정이 넘쳤지. 잘 키워보겠다는 생각이나 교육적 기대가 높아서였는지는 몰라도 여러 권의 육아서를 읽고 책 읽기를 실천했어. 그야말로 그림책 읽어주기에 대해서라면 FM형 엄마였지. 초등 저학년까지만 해도 결과가 좋았어. 독서골든벨 이런 행사에서 자주 상을 타왔거든."

자아가 커지고 공부할 게 많아지자 첫째는 일찌감치 독서에 흥미를 잃어버렸다. 책을 좋아하지도 않았고 깊은 독서로 넘어가지도 못했다.

그러나 둘째는 달랐다. 심신이 피로한 탓에 첫째처럼 끼고 책을 읽어주지 못했는데도 둘째에게는 자율적 독서의 힘이 길러져 있었다. 초등 4학년이 되자 『역사란 무엇인가』와 같은 꽤 어려운 책까지 보았다.

"둘째는 이미 구축된 첫째의 책장에서 자신이 좋아하는 책을 자연스럽게 꺼내 읽으면서 책 읽는 즐거움을 스스로 터득했던 거야. 책 읽는 언니의 모습에서 영향을 받기도 했을 거고. 내가 해준 거라곤 아이가 책을 읽을 때마다 '와, 이런 책도 읽는구나. 기특한 걸!'이라며 호들갑스럽지 않게 인정해준 것뿐이지."

그녀는 자신의 경험을 돌아보면서 '열심히' 책을 읽어주는 것보다 '자유롭게' 책을 접하게 해주는 편이 낫다고 말했다. 아이에게 내적 독서의 힘을 키워주고 싶다면 말이다. 엄마가 주도하는 책 읽기에 대한 경고는 또 다른 선배 엄마에게서도 나왔다.

"부모가 무엇이든 은근히 강요하면 결국 부작용이 나게 되지. 어렸을 때야 부모의 눈치를 보면서 따라 하겠지만 초등 고학년만 되어도 엇나가려고 하거든. 특히 남자아이들은 엄마가 주도하면 부작용 나기 쉬워. 떠먹여주기보다 스스로 먹게 해야 해! 책 읽기도 마찬가지야."

아이에게 책 식욕이 없다면 어떻게 될까? 초등학교에 들어가서 스마트폰과 게임을 접할 때, 글줄이 가득한 문고판으로 갈아탈 때, 공부할 것들이 많아질 때 아이는 쉽게 책과 이별한다. '진짜 독서를 시작해야 할 초등 3, 4학년 때 손에서 책을 놓는다는 얘기다. 어차피 아이들에게 책 읽기는 즐거움이라기보다 부모에게 칭찬받기 위해 해왔던 행위에 불과하니까 말이다. 세상에나, 유아기 내내 열과 성을 다해 책을 읽어주었는데 이런 결과가 나오다니……. 이렇게 비효율적인 책 읽기가 어디 있겠는가.

아이의 책 식욕을 늘리려면 아이가 먼저 책을 가져오게 해야 한다. 책 환경을 조성해주는 것과 알아서 읽어주는 것은 다르다. 행동 수칙은 간단하다.

① 주변에 책이 굴러다니는 환경을 만든다.
② 부모가 먼저 책을 읽는다.
③ 아이가 가져오면 그제야 읽어준다.

이미 부모가 '알아서' 읽어줘 아이의 책 식욕이 떨어졌다면 며칠간 책에서 손을 놓는다. 이 상태에서 ①, ②번을 실천하면 아이는 스스로 책장을 펼칠 것이다. 자고로 밥이든 책이든 배가 고파봐야 맛있게 느껴지는 법이다.

여기, 내가 하고 싶은 이야기를 콕 짚어 말하는 그림책 작가 올리비에 탈레크가 한 인터뷰에서 다음과 같이 조언했다.

"아이가 서점에 가서 하찮은 책을 골라도 내치지 말고 그 선택을 존중해주세요. 똑같은 책만 반복해 읽어도 그냥 두세요. 엄마가 눈에 거슬린다고 말하고 자기 뜻을 강요하면 결국 아이는 엄마의 인생을 살게 됩니다.

때론 아이가 혼자 클 수 있게 거리를 적당히 유지하라는 당부를 전하고 싶네요."

'혼자 클 수 있는 거리'란 대한민국 아이들, 특히 첫째에게 가장 필요한 요소이며 요즘 엄마들이 아이에게 진 빚이기도 하다.

그림책 읽기의 '진짜' 효과는 초등 4, 5학년 때 나온다

대한민국에서 그림책은 두 가지 얼굴을 가진다. 순수한 문학적 매체인 동시에 교육적 보험과 같은 존재. 언젠가부터 그림책 육아의 성공 사례가 속속 나오면서 부모들에게 그림책은 유아기 조기교육의 수단이 되었다. 그림책을 펼치면서 이미 미래의 모습까지 떡하니 설정해놓았다. 그 '미래'란 이웃집 엄마가 깜짝 놀라며 우리에게 이런 말을 건네는 것이다.

"어쩌면 이렇게 말이 빨라요?"
"아이가 책을 좋아해요."

"세 돌에 한글을 읽었다구요?"
"네, 책을 자주 보더니 자기 혼자 깨치더라구요. 전 아무것도 안 했어요."

"아이가 척척박사네요!"
"하하, 제가 책을 좀 많이 읽어주기는 했지요."

자연히 우리는 이런 딜레마에 빠진다. 책을 열심히 읽어주었는데도 아이의 언어 능력이 빠르게 발달하지 않거나 한글을 빨리 떼지 못하면 괜히 불안해지고 그림책에 대한 불신이 생긴다. 말만 안 했지 우리에게 그림책은 유아기의 인지 발달을 시켜주고 선행학습을 이끌어주는 도구니까. 대한민국에서는 독서 영재니 누구니 해도 결국 엄마들이 궁금해하는 것이라곤 딱 하나다. "그래서, 그 아이는 어느 대학에 갔대?"

현실을 말하자면 유아기에 그림책을 많이 읽어준다고 해서 죄다 세 돌에 한글을 깨치고 책벌레가 되지는 않는다. 인지 능력이나 언어 능력이 높은 아이는 유아기에 책을 통해 두각을 드러내지만 어떤 아이는 별다른 특이 사항을 보이지 않는다. 매일 책을 즐겁게 읽은 아이보다 인지 능력이 뛰어난 아이가 유치원 수업에서 앞서고, 두 돌부터 학습지에 2~3년 투자한 아이가 한글을 먼저 뗀다. 책이면 무엇이든 가능하다고 철썩 같이 믿는 엄마들에겐 다소 미안한 얘기지만 아이의 성장은 그렇게 단순하지 않다. 아이의 기질과 인지 능력, 집안 환경과 양육자의 교육 방식 등이 복잡하게 얽혀 있기 때문이다.

그렇다면 우리는 왜 아이에게 그림책을 읽히는 걸까. 몇 가지는 분명 매력적으로 다가온다. 유아기에 그림책을 풍성하게 읽으면 아이의 창의력과 사고력이 한껏 발달한다는 것. 단순히 지식을 쌓기에는 동영상이 효과적이지만 머릿속에서 이야기를 능동적으로 사고하거나 상상을 첨가하기에는 그림책이 훨씬 좋다. 이미 알고 있다고? 그렇다면 다음과 같은 선배 엄마와 선생님의 의견은 어떤가.

"아이가 초등학교에 입학하면 낯선 환경에 적응하느라 정신이 없잖아요. 엉덩이 붙이고 쭉 앉아 있어야지, 학교 규칙 따라야지, 친구 사귀어야지 할 일이 많지죠. 특히 글이 가득한 교과서에 적응해야 한답니다. 그림책을 많이 읽은 아이들은 교과서에 부담을 느끼지 않아요. 딱 봐도 그림책이랑 비슷하니까요."
(초등 1학년을 갓 지낸 엄마의 이야기다. 초등 적응하기의 첫 번째 순서는 의자에 엉덩이 붙이고 앉아 교과서를 보는 일. 유아기에 그림책을 즐기면서 본 아이들은 이미 '듣기'에 익숙하다. 선생님 말씀에 쉽게 집중하는데다 엉덩이 또한 무겁다.)

"과거에는 조기 영어 교육이 붐이었지만 지금은 '유아기에는 국어가 먼저'라는 불문율이 엄마들 사이에서 통용되는 분위기예요. 유아기에 그림책을 통해 사고력을 먼저 키워야 나중에 영어도 잘할 수 있다는 얘기죠."
(초등 고학년 엄마의 이야기다. 국어를 잘하는 아이가 나중에 영어도 잘한다는 얘기는 이미 정론처럼 여겨지는 분위기. 책 읽기로 논리력과 사고력을 키워놓으면 나중에 영어를 공부할 때도 학습 속도가 빠르다.)

"초등 고학년에서 중학교로 넘어가는 사이, 아이가 공부하고자 마음먹었을 때 책이 훌륭한 발판이 되지요. 책을 많이 읽은 아이들은 배경지식이 넓어서 다양한 사고가 가능하거든요. 다양한 지식을 확장하고 융합하면서 자신의 생각을 논리적으로 정리할 수 있으니 당연히 학업 성취를 이루기가 쉽죠."

(30년간 학원을 운영했던 지인의 이야기다. 그녀의 경험에 따르면 초등 고학년에서 '점프하는 아이'는 두 가지 유형이다. 초등학생 시기에 책과 체험을 통해 다양한 배경지식을 흡수한 아이 혹은 머리가 진짜로 좋은 아이.)

"요즘은 시험에 나오는 지문과 질문이 아주 길어요. 학생들은 지문 읽기에서부터 심리적 두려움을 느끼죠. '이걸 어떻게 읽어내지'와 같은 부정적인 사고가 미리 작동하는 거예요. 심리적 부담이 있으니 글을 읽고 나서도 뭘 읽었는지 몰라서 다시 반복해서 읽기도 하죠. 그런데 책 읽기에 익숙한 아이들은 심리적 부담 자체가 없어요. 출발선부터가 다른 거죠."

(고등학교 국어 선생님의 이야기다. 지금까지 수많은 아이들을 가르친 경험을 바탕으로 보자면 시나 소설을 상상하면서 읽은 아이들, 특히 글을 천천히 음미하면서 읽은 아이들이 과학이나 사회와 같은 비문학도 잘하는 편이라고 말했다.)

유아기에 그림책을 읽어주면서 그 목표를 너무 가까이 둔다면 엄마가 조급병에 걸려 쓰러질지도 모른다. '이렇게 열심히 읽어주었는데 우리 아이는 왜 그럴듯한 결과를 내지 못할까?', '왜 아직도 한글을 못 읽는 거야?', '책이고 뭐고 학원에 보내는 게 낫지 않을까?' 특히 책을 너무 열심히, 노력하듯 읽어준 목표 지향적 엄마들이 이런 생각에 쉽게 빠진다.

아이와 그림책을 읽는다면 엄마 자신부터 여유를 가져야 한다. 유아기에 당장 뚜렷한 결과를 보이지 않더라도 내 아이가 그림책을 즐기고 좋아한다면 그 자체로 인정해줄 필요가 있다. 적어도 그림책을 '즐기면서' 읽은 부모와 아이에겐 그 과정이 행복한 추억으로 남을 테니 애초부터 손해날 일은 아니다. 종종 불안이 엄습하면 선배 엄마들의 조언을 떠올리자. 그림책이 진짜 빛을 발하는 시기는 자기 주도 학습을 통해 미래로 나아가는 초등 고학년이다.

그림책보다
더 중요한 것들

육아 초기에는 물티슈 구입부터 기저귀 떼기까지 온갖 것들이 신경 쓰인다. 육아의 매 순간이 첫 경험이다 보니 무엇에 상, 중, 하 딱지를 붙일지 구분조차 어렵다. 그러다 육아 연차가 조금씩 쌓이면서 무엇이 중요하고 사소한지 구분이 간다. 그림책 읽어주기에 대해서도 마찬가지다. 아이가 클수록 그림책은 육아의 일부분이지 기본 뼈대가 아니라는 사실을 절감한다. "그림책을 좀 읽어주세요!"라고 말하는 책임에도 불구하고 아이를 갓 낳은 엄마가 조언을 구한다면 아래의 이야기부터 꺼낼 것이다.

아무리 지겹더라도 '애착'이 우선이다

육아 기간 내내 당신이 지겹도록 들어야 할 단어가 바로 '애착'이다. 건강의 뿌리가 좋은 먹거리에서 나오듯 육아의 대부분은 애착에서 비롯된다. 부모와 아이 사이에 애착이 얼마나 중요한지는 뇌 과학적으로 따져보면 더욱 수긍이 간다.

가천뇌과학연구원 서유헌 원장에 따르면 우리의 뇌는 3층 구조로 이뤄져 있다. 1층 파충류의 뇌, 2층 동물의 뇌, 3층 인간의 뇌다. 1층과 2층이 각각 생명의 유지와 감정의 본능을 담당한다면 3층은 지식을 담당한다. 주목할 것은 지식의 뇌가 활성화되려면 감정을 담당하는 2층 뇌가 안정적이어야 한다는 사실. 2층과 3층은 서로 연결되어 있어서 부모와의 정서가 안정적이어야 아이가 공부든 책 읽기든 잘한다는 얘기다.

실제로 나는 인터뷰를 하다가 '불행한' 그림책 육아의 사례를 종종 접했다. 애착 관계를 제대로 형성하지 못한 상태에서 아이에게 책을 강요했던 워킹맘의 이야기였다. 옆집의 책 성공담에 취해 갑자기 수많은 전집을 사들여서 책을 들이밀자 아이는 '무엇이든 배우기를 거부하는' 상태가 되었고 결국 유치원과 초등학교에 적응하지 못했다.

육아는 '속도전'이 아니다

유아기 엄마들이 가장 빠지기 쉬운 함정이 '속도전'이다. 뒤집기, 걷기, 말하기, 숫자 세기, 한글 읽기 등 '언제', '누가 더 빨리' 하는지에 부모들은 유독 집착한다. SNS를 통해 '보여주기' 육아가 늘어나면서 엄마들의 심리적 갈등과 에너지 소모도 덩달아 심해졌다. 누군가 "우리 아이가 벌써 걸어요!"라고 말하면 그렇지 못한 부모의 마음은 왠지 조급해진다.

요즘처럼 불안을 강요하는 시대일수록, 그 불안을 이용해 무엇인가 팔아대는 자본주의 사회일수록 엄마가 느긋하고 태평해야 아이를 잘 키운다. 엄마가 아이를 교육한답시고 온갖 정보에 휘둘리고 속도전에 집착하기 시작하면 마음이 불안하고 갑갑할 수밖에 없다. 10년, 20년 선배 엄마들에 따르면 유아기의 속도전은 무의미한 경우가 많다. 최근 대학생 엄마가 된 한 지인은 유아기 속도전에 뛰어든 엄마들에게 이런 조언을 남겼다. "한글을 세 살에 떼든 일곱 살에 떼든, 영어 파닉스를 네 살부터 하든 일곱 살부터 하든, 초등학교 3학년에 올라가면 다 비슷해!"

'참 잘했어요' 도장 받기에 집착하지 않는다

나를 비롯해 요즘 엄마들은 너무 '열심히' 육아를 해서 탈이다. 심지어 그토록 열심히 아이를 키우는데도 딱히 좋은 결과를 얻지 못한다. 너무 열심히 하다 보니 그 사이에 불안이나 욕심이 끼어들기 쉬워서다. 남들보다 아이를 잘 키워야겠다는 욕심, 남들보다 더 좋은 전집을 사야겠다는 욕심, 다른 사람들의 성공담을 보면서 느끼는 불안이 '열심히 아이를 키운다'는 말 속에 포함되어 있다. 또 주변에 훈수 두는 사람은 왜 그리 많은지. 다들 아이 한 명씩은 키워봤으니 걸핏하면 이래라저래라 조언을 던진다. 상황이 이렇다 보니 엄마들 스스로도 주변 평가에 예민하다. 길거리에서 아이가 울면 아이를 보기보다 '주변 사람들 눈에 내가 부족한 엄마로 보이지 않을까'를 먼저 걱정한다.

육아는 '열심히' 하는 것보다 '편하게' 하는 편이 결과가 좋다. 수많은 자료를 검색하고 비싼 교구를 사들이는 현대 여성보다 외려 무심하게 아이만 사랑해주는 시골 아낙네가 아이를 더 잘 키우기도 한다. 적어도 불안보다는 안정이, 따지기보다는 믿어주기가 더 빛나는 시기가 유아기다. 아이를 잘 키우기 위해서 종교 하나쯤은 필요하다는 엄마들의 농담이, 괜히 나온 것은 아니다.

이 악물고 키우지 않는다

무조건 참고 견디는 육아 방식은 우리 엄마 세대에나 가능했던 불굴의 과거사다. 지금 아이를 키우는 30~40대 엄마들은 교육 환경도 좋았고 일의 성취감을 맛본 여성들이다. 무조건 참고 견디면서 육아를 했다간 부작용만 나기 쉽다. 엄마들이 언제 아이에게 폭발하는지 살펴보면 상황은 더 명확해진다. ① 저녁 시간, 엄마의 에너지가 바닥을 칠 때 아이가 잘못을 하거나 신경을 건드리면 화가 폭발한다. ② 옆집 아이보다 내 아이가 뒤처지면 짜증이 난다. 아이가 못나서가 아니다. 그런 모습에 짜증을 내고 불안해하는 자신에게 화가 나는 것이다. 쉽게 말해 심신의 에너지가 바닥을 치는 순간이다.

아이 입장에서는 1년이면 365페이지로 구성된 엄마라는 책을 읽는 셈인데, 아침에는 밝은 엄마였다가 저녁에는 짜증을 낸다면 이 얼마나 요상한 상황이겠는가. 하루 종일 아이랑 지지고 볶다가 저녁에 화를 내기보다는 하루에 몇 시간이라도 자신의 시간을 통해 심신을 다스리는 편이 아이에게 이롭다. 엄마가 웃으려면 좀 쉬어야 가능하다. 엄마도 급격하게 늙어가는 사람이니까.

유아기에 부모가 아이에게 해줘야 하는 것들이란 절대 별스럽지 않다. 아이와 눈 마주치고 살 비비며 이야기를 나누거나 산책을 하는 것. 부모의 시간을 뚝 떼어서 선물할 수 있는 자세다. 별다른 비책서를 읽지 않더라도 누구나 할 수 있지만 누구나 해주지는 못하는 것들이다. 그림책은? 딱, 그다음이다.

부모 마음 울리는 그림책

Searching Tip

그림책을 읽다가 엄마 혼자 울고 눈물 닦는 경우가 있다. 그림책 속 이야기를 흡수하는 감정과 배경지식에서 차이가 나는 탓이다. 여기에 소개하는 작품들은 모두 부모 마음부터 울리는 그림책들. 티슈는 필수.

『언제까지나 너를 사랑해』
로버트 먼치 글
안토니 루이스 그림
북뱅크

"제일 좋았던 그림책이 뭐였죠?"라고 물었을 때 이 책을 추천한 엄마들이 많았다. 나 역시 직접 읽어보고 홀딱 반했다. 특히 책에서 반복되는 문구인 '너를 사랑해 언제까지나, 너를 사랑해 어떤 일이 닥쳐도, 내가 살아있는 한, 너는 늘 나의 귀여운 아기' 부분에서는 항상 눈물이 났다. 아이가 몇 살이건 부모들이 언제나 해주고 싶은 말이다.

『오른발, 왼발』
토미 드 파올라
㈜비룡소

어느 날 뇌졸중으로 쓰러진 할아버지와 그 모습을 바라보는 손자의 이야기. 그림체는 다소 차갑지만 이야기의 온도는 뜨겁다. 할아버지가 아이에게 걸음마를 알려주었듯 이제 아이가 아픈 할아버지의 재활을 도우면서 내뱉는 말이 책의 제목이다. 내가 엄마가 되었듯 더 늙어버린 부모님이 생각나 가슴이 찡해지는 책.

『엄마 까투리』
권정생 글 김세현 그림
낮은산

권정생 작가의 마지막 그림책. 온갖 고난 속에서 아홉 마리의 새끼를 지켜내는 엄마 까투리의 이야기를 담았다. 책을 읽다 보면 작가가 원고를 출판사에 넘기면서 적었던 쪽지 글, "어머니의 사랑이 어떻다는 것을 일깨워주기 충분하다고 봅니다"라는 말이 새삼 가슴에 와 닿는다.

『엄마 마중』
이태준 글 김동성 그림
보림

전차 정류장에서 엄마를 기다리는 아이의 이야기다. 정류장에서 무작정 엄마를 기다리는 애처로운 아이의 모습에 비해 그림체는 매혹적일 만큼 아름답다. 책을 읽으면서 아이가 엄마를 만나지 못해 아쉬웠다면 마지막 페이지를 주목할 것. 손을 맞잡고 귀가하는 모자의 모습이 작게 그려져 있다.

『에드와르도 : 세상에서 가장 못된 아이』
존 버닝햄
㈜비룡소

책의 부제인 '세상에서 가장 못된 아이'는 작가가 부모에게 던지는 메시지다. 세상에서 가장 못된 아이가 어른들의 칭찬을 받을 때마다 점점 사랑스러운 아이가 되는 과정을 통해 부모의 역할이 무엇인지 말해준다. 결국 부모가 아이에게 끝없이 줄 것이라곤 사랑밖에 없다.

언제까지나 너를 사랑해

엄마 마중

오른발, 왼발

코끼리 아저씨와 100개의 물방울

엄마 까투리

『엄마는 언제 날 사랑해?』
아스트리드 데보로드 글
폴린 마르탱 그림
토토북

아이는 누군가 자신을 지지해줄 때 조금씩 성장한다. 아이가 유치원에 가고 학습지를 하고 특히 동생이 태어나면 부모는 '사랑해'라는 말 대신 잔소리를 쏟아낸다. 돌 무렵 그렇게 자주 속삭였던 '사랑해'라는 말을 잊어버린 것처럼. 이 책은 훌쩍 커버린 아이에게 다시 사랑한다고 말하게 해준다.

『넉 점 반』
윤석중 글 이영경 그림
창비

귀여운 여자아이가 해가 질 때까지 동네 곳곳을 산책한다. 접시꽃 핀 담장 앞에서 개미 떼를 살펴보다가 고추잠자리를 구경하는 등 아이의 일상이 토속적인 그림에 담겼다. 책을 읽노라면 지금은 엄마가 되었지만 그 옛날 어린 소녀였던 시절이 생각나서 가슴이 뭉클하고 따뜻해진다.

『코끼리 아저씨와 100개의 물방울』
노인경
문학동네어린이

아이들을 위해 코끼리 아저씨가 100개의 물방울을 양동이에 담아 집으로 향한다. 앗, 집은 멀고 물방울은 자꾸 줄어들어 코끼리 아저씨의 마음은 조급해진다. 아이를 기르는 부모라면 집으로 향하는 코끼리 아저씨의 여정에 마음이 졸이다가 마지막 장면에서 이내 행복해질 것이다. 아이보다 어른들의 마음을 위로하는 그림책.

『이상한 엄마』
백희나
책읽는곰

워킹맘인 호호 엄마는 일하다가 아이가 조퇴했다는 전화를 받고 정신없이 누군가에게 도와달라는 전화를 한다. 문제는 전화가 잘못 걸려 '이상한' 엄마가 받았다는 것. 이때부터 이상한 엄마의 호호 돌보기가 시작된다. 백희나 작가의 『달 샤베트』, 『장수탕

선녀님』을 읽어본 독자라면 짐작할 터. 쿡쿡 웃음이 터지다 가슴 뭉클하게 만드는 작가의 재능을 말이다. 워킹맘에게 이 책만큼 포근한 위로는 없을 것이다.

에필로그

그림책 잘 읽어주는 부모의 DNA는 있는가?

아이를 키운다는 것, 특히 유아기 육아를 한마디로 정의하면 '수많은 선택을 대신하는 과정'이다. 아이에게 무엇을 먹일까? 무엇을 입힐까? 열이 나는데 약을 먹일까, 응급실에 갈까? 그림책에 대해서도 이런 질문들이 연거푸 쏟아진다. 어떤 책을 살까? 단행본을 살까, 전집을 살까? 하루에 얼마나 읽어줄까? 한글 학습지를 시킬까 말까? 아직 선택권이 없는 아이를 대신해 부모는 수천, 수만 번 끊임없이 선택을 한다. 엄마들이 그 많은 육아서를 읽고 다큐멘터리를 보고 굳이 강연을 찾아가 듣는 이유다.

문제는 수많은 자료를 모은다고 해서 뚝 부러진 답안이 나오지 않는다는 것. 당신이 삶에 대한 기본적인 가치관이나 생각이 없다면 말이다. 지금 아이를 키우는 30~40대 부모들은 나를 포함해 별다른 가치관을 갖지 못한 경우가 많다. 학생이란 타이틀을 달았던 시기, 우리는 쭉 '이렇게 살아야 한다'는 지침을 들으면서 수동적으로 살았고 대부분의 목표는 단순히 성적이나 취업이었다. '꿈을 찾으세요!', '당신을 찾으세요'라는 구호는 그야말로 자기계발서에서나 가끔 봤던 문장이었다. 그러다 결혼을 하고 아이를 낳았더니 갑자기 수많은 선택을 해야 하는 판단의 주체가 되어버린 것이다.

책을 잘 읽어주는 부모의 DNA는 있는가. 갓 아이를 낳았을 때에는 값비싼 전집을 사줄 경제 여건이나 밤새 책을 읽어주는 희생 혹은 인기 품목을 싸게 구입하는 정보력이라고 여길지도 모르겠다. 혹은 그럴듯한 대답을 내놓을 만큼의 똑똑한 부모라고 지레짐작할 수도 있다. 그런데 막상 유아기를 겪고 나니 그토록 중요하게 여겨졌던 것들은 '있으면 좋으나 없어도 상관없는' 요소에 불과했다.

오히려 자신의 가치관을 찾아가는 부모가 훨씬 유리하다. 왜냐고? 삶에 대한 기본 가치관이 있어야 주변에서 쏟아지는 수많은 정보를 첨삭 및 수정하면서 육아의 뼈대를 잡을 수 있어서다. 그렇지 않으면 여러 교육학자나 강연가 혹은 옆집 언니의 교육관을 마치 자기의 것인 양 착각하며 살거나 아이가 대학에 들어가기까지 20년 내내 불안 마케팅에 흔들려야 한다. 그러니 유아기에는 아이가 그림책을 통해 세상을 알아가듯 부모도 자신에 대해 배워야 한다. 스스로가 무엇을 좋아하고 어떤 삶을 살고 싶어 하는지 생각해야 한다. 결국 책 잘 읽어주는 부모의 DNA란 예상치 않은 곳에서 추려진다.

매일 즐겁게 그림책을 읽어주며,
주변의 불안 마케팅에 흔들리지 않는 동시에,
자신에 대해 생각하고 스스로를 성장시키는 부모에게 후천적으로 생기는 덕목이다.

너무 원초적이며 해내기가 쉽지 않다고? 맞다. 어렵다. 생각해보면 '부모'라는 직업 자체가 엉겁결에 부여받아서 그렇지 제대로 해내기가 정말이지 만만치 않다. 그나마 위안이 되는 것은 이런 숙제를 조금씩 풀다 보면 적어도 예전보다는 좀 더 나은 부모가 될 확률이 높아진다는 사실이다.

★ 참고 자료

곽노의 외, 『유아교육사상』, 문음사

김정희 외, 『아동발달심리』, 동문사

다케우치 오사무, 『그림책은 재미있다』, 문학동네

도로시 버틀러, 『쿠슐라와 그림책 이야기』, 보림

마츠이 다다시 외, 『그림책의 힘』, 마고북스

스티븐 헬러, 『일러스트레이터는 무엇으로 사는가』, 디자인하우스

양재한 외, 『어린이 독서지도론』, 태일사

편집부, 『리틀 빅 북』, 아트인북

'새내기 사서와 함께하는 책이야기', 국립어린이청소년도서관

'영유아의 미디어 매체 노출 실태 및 보호 대책(2013)', 육아정책연구소

'유럽 그림책 작가의 창의력 레슨(최혜진)', 「여성중앙」, 중앙m&b

'뇌 발달 적기 교육', 〈TBC 학부모 교육 특강〉, TBC

이 책에 실린 사진은 저작권 사용 허가를 받았습니다. 출간 당시 저작권자를 확인하지 못해 부득이하게 허가를 받지 못한 사진에 대해서는 추후 저작권이 확인되는 대로 적법한 절차를 진행하겠습니다.

0~7세 판타스틱 그림책 육아

초판 1쇄 발행 2016년 11월 21일 **초판 10쇄 발행** 2022년 4월 14일

지은이 박지현
펴낸이 이승현

편집1 본부장 한수미
에세이1 팀장 최유연
디자인 하은혜
사진 STUDIO 457 손소기

펴낸곳 ㈜위즈덤하우스 **출판등록** 2000년 5월 23일 제13-1071호
주소 서울특별시 마포구 양화로 19 합정오피스빌딩 17층
전화 02) 2179-5600 **홈페이지** www.wisdomhouse.co.kr

ⓒ 박지현, 2016
ISBN 979-11-86117-59-0 13590

* 이 책의 전부 또는 일부 내용을 재사용하려면 반드시 사전에 저작권자와 ㈜위즈덤하우스의 동의를 받아야 합니다.
* 인쇄·제작 및 유통상의 파본 도서는 구입하신 서점에서 바꿔드립니다.
* 책값은 뒤표지에 있습니다.